臺灣研究叢刊

茶、糖、樟腦業與臺灣之社會經濟變遷
（1860-1895）

林滿紅／著

序 言

　　茶、糖、樟腦是1860至1895年間臺灣的三大出口品,其出口值共佔同時期全臺出口總值之94%。在臺灣於1860年以後對外開放淡水、打狗(今高雄)兩大通商口岸至1895年臺灣割日期間,茶、糖、樟腦取代原來的米、糖成為臺灣的出口大宗,臺灣的貿易對象也由之前的以中國大陸為主,轉而拓及全球。本書的目的在於分析晚清臺灣茶、糖、樟腦三項關鍵性出口品的產銷,並指出此期間臺灣歷經傳統經濟與世界經濟互相激盪、歷史重心北移、經濟更加仰賴貿易、本土資產階層崛興、族群關係變化等等社會經濟變遷。

　　此書原為1976年臺大歷史研究所的碩士論文,是這本論文引領筆者日後邁向學術研究之路。這本論文完成之後,1978年1月23日的《中國時報》人間副刊曾指出:「林著在許多方面道破臺灣歷史發展的節骨眼兒,不落俗套,確有其精闢的見解。」1978年5月臺灣銀行以《茶、糖、樟腦業與晚清臺灣》為名予以出版,

1979年此書得教育部青年學術著作獎。這一連串的鼓勵，是筆者得以任職於中央研究院及到臺灣師大、哈佛攻讀博士學位的重要因素。1986年6月，《史聯雜誌》統計，《茶、糖、樟腦業與晚清臺灣》一書在臺灣史著作中被徵引次數排名第二，僅次於戴炎輝先生所著之《清代臺灣之鄉治》。《茶、糖、樟腦業與晚清臺灣》出版之後的二十年間，筆者的研究領域拓展到日據與戰後的臺灣經濟史、十九世紀中國大陸的區間經濟關係史、鴉片戰爭前後中國的經濟蕭條與經濟思潮、兩岸關係史，但有朝一日要將《茶、糖、樟腦業與晚清臺灣》一書改寫再版，卻是筆者長久以來的心願。

　　當臺銀出版《茶、糖、樟腦業與晚清臺灣》一書時，要求筆者先以三篇文章在《臺灣銀行季刊》發表，而後再結集成書。原碩士論文共有六章，改以三篇文章發表，許多圖表及內文都得割捨，難以完全保留原來論文的起承轉合關係。加上論文完稿之時較為匆忙，出書之際又忙於臺灣師大博士課程，許多校對上的錯誤亟待更正。1994年到日本開「亞洲商業網絡會議」時，東京大學的濱下武志教授說，當《茶、糖、樟腦業與晚清臺灣》一書出版之初，他即自行在日本買了此書，當時還不覺得此書非常重要，但在亞洲內部經濟關係及其與世界經濟之關聯備受矚目的今天，此書應獲得學界更多的重視。1994年美國加州大學出版的 *Fujian and the Tea Trade* 指出《茶、糖、樟腦業與晚清臺灣》是中文著作中較能跳脫帝國主義侵略論而平衡討論中外經濟關係

的一本書(頁107-109),惟此書業於1986年售罄。1995年筆者在中正大學開「臺灣近代經濟史」,使筆者在多年之後重讀此書,覺得此書立論大體仍然可用,於是展開再版的準備工作。正巧林載爵先生為聯經出版事業公司主編的「臺灣研究叢刊」,願意將此書納入此系列之中,於是徵得臺灣銀行同意,改由聯經出版事業公司出版增訂本。增訂本除回到原來碩士論文結構,增添許多圖表及內文之外,對於《茶、糖、樟腦業與晚清臺灣》一書出版之後,筆者本人或其他學者一些延伸之作,雖未補入,但近人研究可資修正者,則盡量參考。再版書名亦配合內容改為:《茶、糖、樟腦業與臺灣之社會經濟變遷(1860-1895)》。即使經過修訂,錯誤疏漏之處仍在所難免,衷心期盼各界不吝批評指正。

本書在碩士論文之撰作階段,曾蒙指導教授楊雲萍及李國祁、王崧興、劉翠溶、葉日崧等教授多所啓發與指導。中央研究院近代史研究所圖書館、國立中央圖書館臺灣分館大量提供所需之資料。中央研究院民族學研究所與臺大合辦之濁大自然人文史科技研究計劃補助本書之撰寫。林衡道教授曾協助筆者閱讀日文資料,1973至1975年間常隨林教授穿梭於臺灣的古老城鎮與聚落,亦有助於本書歷史靈感之激發。蔡淑杏小姐曾幫忙繪製圖表。外子梁啓源先生細心審閱全稿,提供許多經濟學觀念。撰寫論文期間,母親常代勞家中瑣事,筆者的諸多親友亦有助於此論文之完成。本增訂本之打字承李道緝先生代勞,排版的版樣係由彭明輝教授提供,鍾豔攸與連月娥兩位小姐幫忙繪製電腦圖表,

地圖由臺灣師大地理系陳國川教授支援,宋惠中先生則代為處理電腦轉檔及搜集若干補充材料,王文裕先生、江長青先生與外子梁啓源先生在筆者自己前後約十次的編校之外也協助編校工作,朱志謀先生鼎力幫忙最後之排版作業。對於所有這些支援,於此一併致上最深之謝忱。此外,本書註中所提到的每位作者也令筆者感念。在以上心力協助之下,希望此書對了解臺灣的歷史淵源、亞洲內部的經濟關係、臺灣與世界經濟體系之關聯等議題,都能略盡棉薄。

目 次

序言··i
第一章 導論···1
第二章 茶、糖、樟腦之出口市場分析····························19
　第一節 出口市場結構··19
　　一、茶···19
　　二、糖···23
　　三、樟腦··33
　第二節 出口價格與出口量······································37
　　一、出口價格···37
　　二、出口量··43
　　三、小結···49
第三章 茶、糖、樟腦之生產分析································57
　第一節 生產地··57
　　一、茶···57

二、甘蔗……………………………………………………… 60

　　　三、樟林……………………………………………………… 63

　　　四、小結……………………………………………………… 67

　第二節　生產技術………………………………………………… 68

　　　一、耕作……………………………………………………… 68

　　　二、加工……………………………………………………… 75

　　　三、小結……………………………………………………… 93

　第三節　成本利潤分析…………………………………………… 94

第四章　產銷組織與運輸………………………………………… 105

　第一節　產銷組織……………………………………………… 105

　　　一、茶……………………………………………………… 105

　　　二、糖……………………………………………………… 117

　　　三、樟腦…………………………………………………… 126

　第二節　運輸…………………………………………………… 135

　　　一、茶……………………………………………………… 137

　　　二、糖……………………………………………………… 139

　　　三、樟腦…………………………………………………… 141

　第三節　小結…………………………………………………… 143

第五章　茶、糖、樟腦業對臺灣經濟、社會的影響………… 147

　第一節　創造就業、扶養人口………………………………… 148

　第二節　賺取外匯、刺激進口、增加稅收…………………… 153

　第三節　邊區開發、原住民的東移與水土保持問題………… 167

第四節　城鎮之繁興 …………………………………… 170
第五節　社會結構的變動 ……………………………… 174
　一、買辦、豪紳的崛起………………………………… 174
　二、漳粵籍移民與泉籍移民相對地位的變化………… 176
第六節　臺灣歷史重心之北移 ………………………… 180
第六章　結論 …………………………………………… 189
徵引書目 ………………………………………………… 197
　一、中日文部分 ………………………………………… 197
　二、英文部分 …………………………………………… 204
附錄：清西曆對照表(1860-1895) ……………………… 209

附表目次

表1.1 茶、糖、樟腦、煤出口值佔臺灣總出口值之百分比（1868-1895）

表1.2 1879年條約港所在十省與臺灣之每人分攤貿易額比較

表1.3 開港以前臺灣與大陸之貿易品

表1.4 臺米進出口值（1868-1895）

表2.1 世界各地茶輸出量的比較（1871-1896）

表2.2 臺灣烏龍茶經廈門、香港之轉口量（1872-1891）

表2.3 中國大陸與外國進口臺糖量之比較（1868-1895）

表2.4 中國沿岸各港進口臺糖之比例（1868-1895）

表2.5 各國進口臺糖之比例（1868-1895）

表2.6 清末臺灣樟腦之出口量（1856-1895）

表2.7 臺灣、日本的樟腦出口量比較（1868-1895）

表2.8 樟腦輸出地

表2.9 茶、糖、樟腦之出口價格（1856-1895）

表2.10　上海海關兩匯率(1863-1895)

表2.11　臺茶之出口量(1866-1895)

表2.12　臺糖之出口量(1865-1895)

表2.13　影響臺茶出口之因素(1866-1895)

表2.14　影響臺糖出口之因素(1865-1895)

表2.15　影響臺灣樟腦出口之因素(1861-1895)

表3.1　1900年重要茶產地粗製茶製造戶數別

表3.2　1871年以前臺灣各地蔗車數比較

表3.3　茶由耕作至粗製完成之成本收益

表3.4　烏龍茶再製成本

表3.5　包種茶再製成本

表3.6　赤糖加工時的成本收益

表3.7　白糖加工時的成本收益

表5.1　臺灣進、出口淨值比較(1868-1895)

表5.2　華洋貨進口值比較(1868-1895)

表5.3　鴉片進口值(1868-1895)

表5.4　臺灣地區政府歲入總表(1884-1895)

表5.5　臺灣之關稅收入(1863-1895)

表5.6　打狗、淡水轉口貿易額(1867-1895)

表5.7　淡水、打狗貿易淨值比較(1868-1895)

表5.8　茶、樟腦的出口值佔淡水出口值之百分比

表5.9　糖出口值佔打狗出口值之百分比

附圖目次

圖2.1　臺茶之出口量（1868-1895）

圖2.2　臺糖之出口量（1868-1895）

圖2.3　臺灣樟腦之出口量（1861-1895）

圖3.1　臺灣產業分布略圖（1860-1895）

圖3.2　臺灣之重要糖產區及其1879年之糖產量

圖3.3　1896年桃竹苗一帶樟腦開採狀況圖

圖3.4　臺灣的茶枝壓條法

圖3.5　長出根來的茶枝

圖3.6　茶粗製時所用器具

圖3.7　茶再製時的烘焙室

圖3.8　翻茶

圖3.9　茶箱上的花紋商標

圖3.10　山上的腦灶

圖4.1　在大料崁（今大溪）載了茶的民帆

圖5.1　臺灣進出口淨值比較(1868-1895)
圖5.2　華洋貨之進口淨值比較(1868-1895)
圖5.3　臺灣各籍移民分布圖
圖5.4　淡水、打狗貿易淨值比較(1868-1895)
圖5.5　茶、糖、樟腦出口值比較(1868-1895)

第一章
導 論

　　1860至1863年間臺灣在天津條約及其附約的規定之下，正式對外開放了淡水、基隆、打狗、安平等通商口岸（以下簡稱開港），1895年臺灣由中國割讓給日本統治[1]。在此期間，茶、糖、樟腦是

[1] 天津條約於1858年簽訂，但到1860年才獲批准。第一任來臺領事於1860年12月抵達臺南。天津條約原只規定開放臺灣（即安平）一港，但在1860、1861、1863等年之該約附款之中相繼追加淡水、基隆、打狗各港。淡水海關設於1863年10月1日，基隆為其附屬港，有附設海關。打狗海關設於1863年10月26日，而臺灣府海關遲至1865年1月1日才開，臺灣府反為打狗之附屬港。以上資料參見James W. Davidson, *The Islands of Formosa: Past and Present*(Taipei, 1903)，蔡啓恆譯，《臺灣之過去與現在》（以下簡稱Davidson[1903]蔡譯），臺灣研究叢刊（以下簡稱研叢）第107種（臺北：臺灣銀行經濟研究室[以下簡稱臺銀]，民國61年），頁119-125；*British Parliamentary Papers: Embassy and Consular Commercial Report*s（以下簡稱《領事報告》）(Irish University Press, Area Studies Series, 1971, China：vol. 8-19, 32; vol. 6, p.219; vol. 8, p.71)。清代以前之荷據、鄭領時期，臺灣與西洋各國亦有貿易往來；康乾年間也開放安平、鹿港、八里坌各港從事與大陸之貿易。1855年，臺灣的政府為求外人協助緝捕海盜，已許外商在打狗開設洋行通商，此事見Davidson[1903]蔡譯，頁277。故1860

臺灣的三大出口品。根據海關資料，1868至1895年間（1860至1867年間資料殘缺），茶、糖、樟腦的出口總值共佔同期臺灣出口總值之94%，分別爲53.49%、36.22%、3.93%，較第四大出口品——煤之佔1.58%爲大（見表1.1）。本書擬分析1860至1895年間臺灣茶、糖、樟腦的出口市場、生產及產銷組織，以探討茶、糖、樟腦三項產業對晚清臺灣經濟及社會的影響。

中國與外國之間雖然從上古以來即有貿易往返，但因貿易在整個經濟之中所佔的比重不大，所以土地與人口的相互關係常是探討中國經濟變遷的主題，貿易在其中扮演的角色則較不受重視。但由馬若孟（H. Myers）教授之研究19、20世紀的河北與山東；勞斯基（E. S. Rawski）教授之研究16世紀的福建與18世紀的湖南，均可看出：貿易機會的有無，對中國各區域發展的差異實有決定性的影響[2]。就清代臺灣經濟史的研究而言，貿易亦爲重要變數。

1879年的中國海關報告留有該年條約港（treaty ports）所在10省的人口及貿易額資料，其中包括臺灣淡水、打狗兩條約港的貿易額。（1860至1895年間的海關貿易額登記，基隆貿易額包括在淡水貿易額之中，安平貿易額包括在打狗貿易額之中。）根據這項資料

（接前頁）
　　年之開港乃清代臺灣首次正式對東亞、東南亞以外的國家開放通商，而非臺灣首次對外開放通商。至於臺灣割日是1895年5月底之事，見《領事報告》，vol. 18, p.34.
2　Ramon H. Myers, "The Commercialization of Agriculture in Modern China, " in W. E. Willmott ed., *Economic Organization in Chinese Society*(Stanford: Stanford University Press, 1972); Evelyn Sakakida Rawski, *Agricultural Change and the Peasant Economy of South China*(Cambridge: Harvard University Press, 1972).

表1.1　茶、糖、樟腦、煤出口值佔臺灣總出口值之百分比
（1868-1895）　　　單位：海關兩

出口值 年代	出口總值	糖 淡水	糖 打狗	糖 總計	出口總值%
1868	882,752	8,335	506,075	514,410	58.27
69	976,004	10,916	483,828	494,744	50.69
1870	1,655,390	3,001	1,078,338	1,081,339	65.32
71	1,693,925	104,917	1,070,896	1,175,813	69.41
72	1,965,210	117	1,135,063	1,135,180	57.76
73	1,474,482	9,758	881,881	891,639	60.47
74	1,812,181	202	1,168,760	1,168,962	64.51
75	1,815,255	3,185	1,037,717	1,040,902	57.34
76	2,628,982	4,217	1,366,987	1,371,204	52.16
77	2,757,717	19,954	1,262,990	1,282,944	46.52
78	2,788,673	—	1,020,853	1,020,853	36.61
79	4,125,126	305	1,912,377	1,912,682	46.37
1880	4,874,355	—	2,155,058	2,155,058	44.21
81	4,160,960	527	1,675,619	1,676,146	40.28
82	4,050,154	—	1,424,222	1,421,222	35.09
83	4,113,833	1,772	1,650,374	1,652,146	40.16
84	4,165,314	255	1,629,140	1,629,395	39.12
85	3,819,763	—	955,987	955,987	25.03
86	4,449,825	154	930,233	930,387	20.91
87	4,562,478	62	1,076,21	1,076,183	23.59
88	4,543,406	4,222	1,312,676	1,316,898	28.98
89	4,411,069	187	1,208,983	1,209,170	27.41
1890	5,255,880	1,252	1,753,386	1,754,638	33.38
91	4,735,628	229	1,462,915	1,463,144	30.90
92	4,959,830	—	1,306,663	1,306,663	26.34
93	6,336,580	—	1,272,757	1,272,757	20.09
94	7,245,035	—	1,897,968	1,897,968	26.20
95	3,423,792	—	1,244,607	1,244,607	36.35
1868-1895	99,683,590	173,517	35,929,475	36,102,992	36.22

資料來源：Chinese Maritime Customs, *Chinese Maritime Customs Publications*, 1860-1948（本書簡稱《海關報告》），淡水1868至1895年部分、打狗1868至1890年部分、及臺南1891至1895年部分，中央研究院近代史研究所圖書館所藏微捲。

註：1874年以前以元、兩記錄之資料，按當時匯率1海關兩=1.53元，1海關兩=1.114兩換算為海關兩。

表1.1(續)

出口值 年代	樟腦 淡水	打狗	總計	佔出口總值%
1868	94,385	6,376	100,761	11.41
69	81,159	10,153	91,312	9.36
1870	87,746	15,443	103,189	6.23
71	47,674	—	47,674	2.81
72	63,6045	967	64,612	3.29
73	71,718	—	71,718	4.86
74	76,449	—	76,449	4.22
75	33,949	—	33,949	1.87
76	51,179	—	51,179	1.95
77	79,058	—	79,058	2.87
78	81,356	2,61	83,817	3.01
79	71,855	519	72,374	1.75
1880	100,745	—	100,745	2.07
81	79,625	—	79,625	1.91
82	39,945	2,918	42,863	1.06
83	36,229	194	36,423	0.89
84	3,482	—	3,482	0.08
85	28	—	28	0.00
86	10,569	4,445	15,014	0.34
87	22,397	2,519	24,916	0.55
88	24,065	—	24,065	0.53
89	31,394	5,789	37,183	0.84
1890	100,838	7,875	108,713	2.07
91	259,871	25,409	285,280	6.02
92	228,226	72,319	300,545	6.06
93	596,608	130,330	726,938	11.47
94	569,365	263,878	833,243	11.50
95	242,654	176,029	418,683	12.23
1868-1895	3,186,214	727,624	3,913,838	3.93

表1.1(續)

出口值 年代	茶 淡水	佔出口總值%	煤 出口值	佔出口總值%
1868	64,732	7.33	39,304	4.45
69	89,367	9.16	19,410	1.99
1870	177,403	10.72	10,258	0.62
71	301,118	17.78	31,745	1.87
72	582,872	29.66	71,566	3.64
73	353,445	23.97	94,260	6.39
74	477,329	26.34	32,764	1.81
75	620,067	34.16	52,009	2.87
76	1,060,209	40.33	62,943	2.39
77	1,253,332	45.45	65,436	2.37
78	1,502,685	53.89	69,233	2.48
79	1,947,381	47.21	52,303	1.27
1880	2,156,373	44.24	45,103	0.93
81	2,231,896	53.64	84,289	2.03
82	2,402,428	59.32	79,015	1.95
83	2,235,179	54.33	60,108	1.46
84	2,330,920	55.96	56,015	1.34
85	2,711,803	70.99	13,961	0.37
86	3,333,052	74.90	41,523	0.93
87	3,286,972	72.04	34,375	0.75
88	2,914,921	64.16	76,355	1.68
89	2,873,075	65.13	134,958	3.06
1890	3,083,879	58.67	80,026	1.52
91	2,712,776	57.28	80,369	1.70
92	2,929,435	59.06	40,792	0.82
93	4,050,980	63.93	61,806	0.98
94	4,083,265	56.36	80,696	1.11
95	1,552,798	45.35	1,361	0.04
1868-1895	53,319,692	53.49	1,571,713	1.58

及臺灣之人口數字,將條約港所在十省與臺灣之每人分攤貿易額,作一粗略的比較,如表1.2。

表1.2　1879年條約港所在十省與臺灣之每人分攤貿易額比較

	省	條約港	人口(人)	貿易總額(海關兩)	每人分攤貿易額(海關兩)
條約港所在之十省	江蘇	上海、鎮江	37,800,000	65,000,000	1.72
	安徽	蕪湖	34,200,000	3,500,000	0.10
	山東	芝罘	36,000,000	29,983,000	0.83
	直隸	天津	28,000,000	24,500,000	0.88
	湖北	漢口、宜昌	27,400,000	36,000,000	1.31
	浙江	寧波、溫州	26,300,000	13,250,000	0.50
	江西	九江	23,000,000	11,250,000	0.49
	廣東	廣州、汕頭、瓊州、拱北	19,200,000	48,280,000	2.51
	福建	福州、廈門、打狗、淡水	14,800,000	32,500,000	2.20
	盛京	牛莊	6,000,000	8,250,000	1.38
臺灣		淡水、打狗	2,250,000	7,500,000	3.33

資料來源:

a.條約港所在十省之人口數、貿易額及臺灣之貿易額,見1879年《海關報告》,China部分。按:此資料中條約港所在十省之人口數與嚴中平等編《中國近代經濟史統計資料選輯》附錄,統計表(7)至(13)所錄戶部清冊之各省人口數頗有出入,但以臺灣為例,戶部清冊之人口數與實際人口數差距甚大,故此處仍用1879年《海關報告》所錄之十省人口數。惟山東部分根據劉素芬,〈煙臺貿易研究(1867-1919)〉(國立臺灣大學歷史研究所碩士論文,1981),表2-1之數字。

b.每人分攤貿易額係由貿易總額除以人口數得之。

c.臺灣之人口數係根據:(1)《領事報告》,vol. 6, p.116,謂:1860年臺灣人口為200萬人;(2)《領事報告》,vol. 18, p.19謂1893年臺灣人口為200-300萬人;(3)1893年《臺灣通志》開始編纂之際,各廳縣先編採訪冊,其中登記有各街莊之戶數及丁口數。伊能嘉矩謂其根據此項資料得1893年臺灣人口數為255萬人,此見伊能嘉矩,《臺灣文化志》,第六篇,〈社會政策〉,頁239-241;(4)Davidson[1903]蔡譯,頁417,謂1903年臺灣的漢人人口為2,697,845人等資料,推估1879年臺灣人口約為225萬人。

由表1.2可知:安徽、山東、江西、浙江、直隸等省每人分攤貿易額均在1海關兩以下;湖北、江蘇、盛京在1至2海關兩之間;福建、廣東在2至3海關兩之間;屬於福建的臺灣地區則為3.33海關兩。根據其他資料,至1894年,臺灣每人平均分攤的對外貿易額

更達5海關兩,中國大陸到1901年,才只有1海關兩[3],可見清末臺灣對貿易的仰賴比中國大陸更甚。

自17世紀以來,臺灣的對外貿易一直發達。地理位置優越,海上交通便利,幅員狹小,資源種類較為有限,提供了臺灣貿易發達的環境,是荷據、明鄭時期臺灣的貿易範圍能遠達波斯、英國、荷蘭、日本、南洋的理由[4]。入清以後,雖然臺灣的貿易範圍縮小,而以中國大陸為主,日本、南洋為輔[5],但臺灣的對外貿易仍然發達。分析其原因,除了適合對外貿易的環境以外,最主要的關鍵是中國大陸與臺灣之間高度的區域分工。1860年以前,臺灣由大陸進口的物品有紡織品、建材、陶瓷、漆器、紙張、草蓆、鼎鐺、雨傘等(見表1.3),幾乎包括了所有的日常用品,其中多半也是手工業產品。而臺灣出口到大陸的物品是以米、糖為出口大宗,其他出口品如麻、靛藍、花生、樟腦、鹿皮、藤、鹹魚等亦均屬於農產品(見表1.3)。

---

3 林滿紅,〈清末臺灣與我國大陸之貿易型態比較(1860-1894)〉,《國立臺灣師範大學歷史學報》,第6期(1978年5月),頁210。

4 岩生成一,〈荷鄭時期臺灣與波斯間的糖茶貿易〉,《臺灣經濟史二集》,研叢第32種(臺北:臺銀,民國44年);Davidson[1903]蔡譯,頁10-11;臨時臺灣舊慣調查會,《調查經濟資料報告》,第二部(東京:三秀舍,明治38年[1905]刊,以下簡稱《舊慣會經資報告》)上冊,頁3;下冊,頁98;連雅堂,《臺灣通史》(上海:1921年刊;臺北:古亭書屋影印本,民國62年),頁705-710。

5 連雅堂,《臺灣通史》,頁705-710。

表1.3 開港以前臺灣與大陸之貿易品

時間	輸入品	輸出品	資料來源
荷據	瓷器、棉布	米、糖、鹿角、鹿皮、藥材、藤	舊慣會《經濟資料報告》(1905)，上卷，頁3；Davidson[1903]蔡譯，頁10-11。
康熙35(1696)	米、穀、油、豆餅、布帛、木材、雜貨	砂糖、龍眼肉、苧麻、黃麻及澎湖之鹹魚、花生、豆、甘蔗	舊慣會《經濟資料報告》(1905)，下卷，頁71-72。
康熙53(1714)	棉織品、絲織品、漆器、陶器	米、糖、煙草、鹽、燻鹿肉、各種果實、木棉、麻、藥草	《臺灣經濟史五集》，頁125之馮秉正(1714)，《臺灣訪問記》。
乾隆3(1736)	漳州：絲線、翦絨、紙料、煙、布、草蓆、磚瓦、小杉料、鼎鐺、雨傘、橘餅、柿餅；泉州：瓷器、紙張；興化：杉板、磚瓦；福州：大小杉料、乾筍、香菇；建寧：茶；姑蘇：布匹、紗緞、枱、棉涼暖帽子、牛油金腿、包酒、惠泉酒；浙江：綾羅、棉綢、縐紗、湖帕、絨線；寧波：棉花、草蓆；山東：白蠟、紫草、藥材、繭綢、麥、豆、肉、紅棗、核桃、柿餅；關東：藥材、瓜子、松子、榛子、海參、銀魚、鰹乾；	米、麥、椒、豆、黑白糖、飴、藷、鹿肉、靛藍、魚翅	《臺海使槎錄》(1736)，頁47-48。
道光13(1833)		米、糖、樟腦、煙草	The Chinese Repository, vol. II, 1833, pp. 48, 420.

第一章　導論

這種區域分工之所以形成，是因為中國大陸到了明末清初，手工業已發達，而當時臺灣正值移民社會建立之際，手工業不能隨即建立，但其過後所生產的米、糖，又切合中國大陸所需，因而生產米、糖以換取中國大陸之手工業產品反較本身發展手工業有利[6]。由於一直仰賴大陸進口手工業產品及臺灣氣候不適宜棉花及蠶之生長[7]，直至1860年，臺灣本身的手工業除簡單的刺繡、製繩、縫衣、染布及少許的棉布、麻布之外，少有其他發展[8]，這與大陸上農業與手工業並存的現象大異其趣[9]。也因手工業一直不發達，更加使臺灣需要以農產品易取大陸之手工業產品，而使臺灣的對外貿易更加開展。1736年刊印的《臺海使槎錄》一書也點出這種關係：「海壖彈丸，商旅輻輳；器物流通，實有資於內地」[10]。

6　連雅堂，《臺灣通史》，頁705-710。

7　連雅堂，《臺灣通史》，頁720-721。

8　刺繡：陳文達，《臺灣縣志》（康熙59年[1720]刊；臺北：臺銀，民國50年，臺灣文獻叢刊[以下簡稱文叢]第103種），頁57；製麻繩：陳夢林，《諸羅縣志》（康熙56年[1717]刊；臺北：臺銀，民國51年，文叢第141種），頁195；縫衣：柯培元，《噶瑪蘭志略》（道光17年[1837]刊；臺北：臺銀，民國50年，文叢第92種），頁115；少許之棉布、苧布、麻布：陳文達，《鳳山縣志》（康熙59年[1720]刊；臺北：臺銀，民國50年，文叢第124種），頁100；王瑛曾，《重修鳳山縣志》（乾隆29年[1764]刊；臺北：臺銀，民國51年，文叢第146種），頁333；染布：陳淑均，《噶瑪蘭廳志》（道光年間編，咸豐2年[1852]刊；臺北：臺銀，民國52年，文叢第160種），頁197。

9　參考John K. Fairbank, Alexander Eckstein, and L. S. Yang, "Economic Change in Early Modern China: An Analytic Framework," *Economic Development and Cultural Change*, vol. IX, no. 1 (Oct.1960), pp.1-26.

10　黃叔璥，《臺海使槎錄》（乾隆元年[1736]刊；臺北：臺銀，民國46年，

開港以後，臺灣這種手工業不發達，經濟以農業和貿易為主體的特質並未改變[11]。進口品除了鴉片以外，也以工業產品為主[12]。與開港之前略有不同的是茶、糖、樟腦取代原來的米、糖，成為臺灣易取工業產品的主要出口品。米在開港以後因島內市場擴大，北部與南部的米出口量大減。中部雖仍有不少透過民帆的出口，其出口數量且多達開港以前米之總出口數。但就透過海關出口的部分而言，出口量逐年遞減，到了後期（1879年以後），不僅沒有出口，反而時需進口，以致1868年至1894年間之出口總值還小於進口總值（見表1.4）[13]。可見就仰賴貿易極深的臺灣而言，茶、糖、樟腦是1860至1895年間臺灣對外貿易之重要憑藉。

(接前頁)─────────────────

文叢第4種），頁48。
11 周元文，《重修臺灣府志》（康熙51年[1712]刊；臺北：臺銀，民國49年，文叢第66種），頁238：「三邑（臺灣清初設臺灣、諸羅、鳳山三縣）之民，務本之外，牽車服賈而已，揚帆濟渡而已。」；《海關報告》，1869-1872，淡水部分，p.158；《海關報告》，1876，打狗部分，p.98。
12 歷年海關報告進口項目表。
13 表1.4米進出口值表乃外船載運米之進出口值，米除外船載運者外，另有華船載運者，但根據以下資料可知：即使連華船載運者亦列入考慮，亦無法否認米出口地位在北臺灣與南臺灣之沒落。《領事報告》，vol. 17, pp.647-648，1892，臺南部分記載：「早些日子，本港還有大量的米由外船載運出口，目前由外船載運出口的米事實上已等於零。以前米都由打狗及打狗南邊的東港運出，外船、華船各載一半，稍後則全由華船載運，再過後連華船載米也衰微了。目前米出口較多的是梧棲、後壠，其地位日趨重要。」《領事報告》，vol. 18, p.20, 1893，臺灣部分記載人何西（Hosie）也說：「1863年以前，此島有『中國之穀倉』之稱，大量的米由臺灣運到大陸。但由1863年起，出口日減，目前產量僅夠自給，除了豐收之年以外，很少出口。1870年臺南及淡水還輸出10,000噸米，1890年只輸出32噸，1891年更減為10噸；而淡水到1890年已需進口2,658噸，1891年更進

一個仰賴貿易的經濟體系,其生產活動必然對市場需求有著高度的因應。如1696年高拱乾所修《臺灣府志》記載:臺灣人民不顧米產日缺,「偶見上年糖價稍長,惟利是趨。舊歲種蔗,已三倍於往昔;今歲種蔗,竟十倍於舊年」[14]。勞斯基研究16世紀福建時指出,福建地主出租土地,若要種經濟作物(為市場需要而生產

(接前頁)

口了22,100噸。」《領事報告》,vol. 18, p.351,1893,淡水部分更修正何西(Hosie)「臺米夠自給」之說,因該年淡水進口的米比以前更多了。米出口地位沒落之關鍵不是因稻米減產,而是因島內市場擴大。島內市場擴大的原因是本島人口的自然增殖,如中央研究院歷史語言研究所,《明清史料戊編》,卷2(民國42年),頁189記載:臺米運往內地,各口欠運日多,欠運之故一因穀數不足,「以生齒日繁,其存積不能如昔年之多」;另一原因為大陸移民不斷湧入,如前引何西報告即有此說;更重要的是這些新增人口有許多是非糧食作物的從業人員,根據Morse作,謙祥譯,〈1882-1891臺灣淡水海關報告書〉,《臺灣銀行季刊》,第9卷第1期,頁149-171記載:「30年前(1861)臺灣北部的可耕地大抵都用於種植稻米,因此總有大量的剩餘米可供出口之用。從那時以後,城市的人口增加;大批茶農佔用了高地,每年都有無數批的茶葉揀選者和包裝者到來,並且有一支人數眾多的常駐軍,其人數有時為了特殊的需要而增加。這種稻米消費者人數的大量增加,經過若干年的時間,為臺灣出產的全部稻米建立了一個很好的本地市場;到了最近幾年,不但沒有可供出口的餘糧,而且有時發生食糧不足的情形,需要由大陸輸入食米來補足。」《海關報告》,打狗部分,1868, p.76;1874, p.141亦指出因政府基於島內需要擴大的考慮常有米禁,而且1860年以後大陸米價常比臺灣米價便宜,使米與糖的相對利潤減低,使部分較不肥沃的稻田轉為蔗園,亦米出口減少之因。此時臺灣中部之米出口仍多的情形,詳見:林滿紅,〈清末大陸來臺郊商的興衰—臺灣史、中國史、世界史之一結合思考〉,《國家科學委員會研究彙刊:人文及社會科學》,4卷1期(民國83年7月),頁178。

14 高拱乾,《臺灣府志》(康熙35年[1696]刊,文叢第65種。臺北:臺銀,民國49年),頁250-251。

表1.4　臺米進出口值(1868-1895)

單位：海關兩

年代＼米	進口值	出口值	進口值－出口值
1868	19,026	48,935	29,909
69	3,539	108,319	104,780
70	—	244,149	244,149
71	—	196,936	196,936
72	23,075	35,344	12,269
73	1,715	528	－1,187
74	—	—	—
75	—	—	—
76	979	8,895	7,916
77	—	4,888	4,888
78	—	—	—
79	—	9,832	9,832
80	838	72	－766
81	248,913	—	－248,913
82	146,007	3,533	－142,474
83	952	5,072	4,120
84	—	20	20
85	—	—	—
86	5,286	1,429	3,857
87	114,645	—	－114,645
88	79,795	990	－78,805
89	23,990	5,939	－18,051
90	63,095	856	－62,239
91	64,144	229	－63,915
92	36,502	39,107	2,605
93	344,451	—	－344,451
94	174,704	19,728	－155,076
95	129,580	—	－129,580
合計	1,481,336	734,801	－746,535

資料來源：《海關報告》，1868至1895年淡水、打狗部分合計。

的作物)，租期較糧食作物為短，甚而規定不能種植經濟作物，恐其破壞風水[15]。這種不歡迎種植經濟作物的態度與17世紀臺灣人民之惟利是趨大異其趣。

1860年臺灣開放條約港之初，外人也看出臺灣這種經濟個性，1868年淡水的《海關報告》說：「臺灣的自然資源，只怕沒有市場，否則均能開發。」[16]開港之後臺灣人民亦紛紛生產因應市場所需之茶、糖、樟腦。淡水的英國領事報告說：「年復一年，漢人不斷向山區開發，一山佔過一山，砍下了樹木，種下了茶。」[17] 1874、1880打狗的《英國領事報告》、《海關報告》也紛紛報導開港後蔗園日拓的消息[18]；同光年間(1862年至1895年)寫《一肚皮集》的臺灣士紳吳子光也說：「村人業樟腦者，起山寮，作土灶，偵樟樹堅光微臭者，削令成片。今錐刀之末，民爭恐後，牛山濯濯，頓改舊觀」[19]。

1860至1895年間，茶、糖、樟腦之成為臺灣出口大宗，是臺灣這種市場取向(market-orientation)與開港之後貿易範圍擴大兩項因素相互激盪的結果。

條約港的開放，是討論近代中國經濟變遷的重要主題。其在

15　Rawski[1972], p.29.
16　《海關報告》，淡水部分，1868, p.157.
17　《領事報告》，vol. 12, p.375，1877，淡水部分。
18　《領事報告》，vol. 13, p.661，1880，打狗部分；《海關報告》，打狗部分，1874, p.141.
19　吳子光，《臺灣紀事》(《一肚皮集》附小草拾遺中有關臺事者，同光間[1862-1895]；臺北：臺銀，民國48年，文叢第36種)，頁14。

經濟上的意義，一爲貿易範圍之擴大，一爲帝國主義者挾其優越的經濟力量，強迫擠入中國原本相當均衡的經濟秩序之中，使傳統經濟發生變化。就貿易範圍之擴大而言，臺灣原是一高度仰賴貿易之經濟體系，1860年的開港對臺灣的衝擊必既深且遠。茶、糖、樟腦之成爲晚清臺灣之出口大宗，既是開港之後臺灣對外貿易範圍擴大的結果，由其產銷的分析亦可看出此貿易範圍擴大對臺灣的衝擊。就傳統經濟秩序的變化而言，茶、糖、樟腦既爲因應外國需要而生產的產品，其與西方經濟力量的接觸亦最爲直接，由其技術、資本、運輸的分析，亦可看出開港之後臺灣經濟秩序受西方經濟力量衝擊的程度。

因此，本書的目的乃在透過茶、糖、樟腦的產銷分析，指出1860至1895年間臺灣社會在西方經濟力量滲入以後所發生的變遷。

本研究所根據之最主要原始史料是《海關報告》與《英國領事報告》。《海關報告》是歷年設於較大條約港的海關稅務司或其代理向上海總稅務司所呈遞的報告。有關1860至1895年間臺灣的《海關報告》包括《淡水海關報告》及《打狗海關報告》(1891年以後改爲《臺南海關報告》)。《海關報告》之記載始於1864年，除1867年有月報告，1882至1891年間有十年報告之外，均爲歷年報告。有關1860至1895年間臺灣的領事報告，除美國駐廈門領事兼理臺灣業務另作報告之外，其他各國在臺業務均委託在臺英國領事辦理。因駐廈門之美國領事報告除臺灣銀行經濟研究室(簡稱臺銀)已譯出之1869年報告外，其他就中央研究院近代史研究所所

藏該報告微捲看來，有關臺灣經濟者極少，故有關清末臺灣對外貿易之記載，仍以《英國領事報告》較為重要。《英國領事報告》分政務報告及商務報告兩種，本文採用其商務報告。《領事報告》商務部分有關臺灣者又分《臺灣府（或打狗）領事報告》及《淡水領事報告》，係兩港英國領事或副領事歷年向北京英國領事所呈遞，再轉呈英國國會的報告。《海關報告》與《領事報告》的格式非常相近，大致都有歷年臺灣各進口品之進出口量、進出口值、貿易額，以及重要經濟活動之相關報導。此二史料除1903年戴維森（J. Davidson）寫《臺灣之過去與現在》一書時曾引用部分；1957年臺銀曾翻譯1882至1891年臺南、淡水之《海關十年報告》之外，在1975年本書撰作以前，罕見研究1860至1895年間臺灣經濟史者引用。在中央研究院近代史研究所得以參閱此二項史料，其中《海關報告》是微捲，《領事報告》則已印成書，是本項研究得以展開之重要憑藉。

本研究所採用之次要史料是日據臺灣初期所作有關臺灣經濟之調查報告，如臺灣總督府民政局殖產部所作之《臺灣產業調查表》，臨時臺灣舊慣調查會所作之《經濟資料調查報告》第二部，及各地日據時期所修之地方志。這些資料主要藏於國立中央圖書館臺灣分館，其中較常被引用者是舊慣調查會之《經濟資料調查報告》。這些資料雖亦珍貴，但所記載者多為臺灣割日前後之事，不能完全用來說明1860至1895年間之臺灣經濟。

至於清代留下的中文文獻、方志、奏摺，在研究1860至1895年間的臺灣經濟史時，其史料地位不若研究1860年以前的臺灣經

濟史重要。這是因為清代臺灣的地方志多修於清初及日據前夕設通志館時，在1860至1892年間，除1870年修成之《淡水廳志》外，無其他方志修成。檔案方面，1860至1895年間相當於清朝的同治、光緒兩朝，就目前故宮所藏《宮中檔》而言，與臺灣有關之資料，多屬軍事性質。其他檔案，如《淡新檔案》、《劉銘傳撫臺前後檔案》等關係經濟者稍多，但比起前述海關報告、領事報告以及日據初期之調查報告，仍屬有限。

因此，本書撰寫之另一動機，在於企圖更廣泛利用以上臺灣史料，尤其是前人較少採用的《海關報告》、《領事報告》，對1860至1895年間這一重要時期的臺灣經濟史作一補充。

本書共分六章。第一章為導論。第二章茶、糖、樟腦之出口市場分析，包括出口結構、出口量及出口價格之分析。由此章可看出1860年以後臺灣茶、糖、樟腦的出口地區、其出口市場的競爭型態、其出口量與出口價格變動的特質以及其所以變動的原因。第三章茶、糖、樟腦之生產分析，包括產地、生產技術及成本利潤等之分析。由產地的分布分析可明瞭本書有關茶、糖、樟腦業之研究，實為臺灣在1860至1895年間區域別經濟活動之探討。由生產技術的分析可略窺此時期中臺灣人民經濟活動之一斑，也可看出西方經濟力量是否造成臺灣原有生產方式的轉變。由成本利潤分析可看出各產業的成本結構、利潤差異，以及生產要素有否業際移轉的現象。第四章為產銷組織及運輸，旨在說明產品由生產到出口的過程中所有從業者間的關係，及產品運出的工具和路線。各從業者的關係包括買賣關係、借貸關係、租賃關

係、公會組織、政府扮演角色等。第五章茶、糖、樟腦業對臺灣社會、經濟之影響。由此章可看出茶、糖、樟腦業這三個產業如何造成臺灣境內人地關係的改變、人民生活水準的變化、新的權勢階層的興起、臺灣境內不同區域之間經濟力量的消長等。第六章為結論。

因本書著重討論1860至1895年間臺灣所發生之變遷，用西曆較易於看出時間的距離，故本文以西曆紀元，書末所附1860至1895年間之清曆與西曆對照表，可供查閱。書末附有徵引書目以供參考。

全書一切論點皆由筆者負責，不足之處尚祈各界惠予教正。來信請寄：台北市南港區中央研究院近代史研究所。

第二章
茶、糖、樟腦之出口市場分析

第一節　出口市場結構

一、茶

　　1860至1895年間，世界主要茶產地為中國大陸、臺灣、日本、印度和錫蘭。1872年，中國大陸的茶出口量在全世界茶供應總量之中佔85%。自1882年以後，中國大陸茶的出口量漸減，至1896年，中國大陸的茶產量僅為1871年之70%，其出口量僅佔世界茶供應總量的35%。中國大陸茶出口地位的沒落實是臺灣、日本及印度錫蘭茶競爭的結果。若以1871年為基期，1896年的臺茶出口比1871年增加12倍，日本茶增加2倍，印度、錫蘭茶增加13倍(見表2.1)。

表2.1 世界各地茶輸出量的比較（1871-1896）

輸出量單位：磅

地年代	臺灣茶 輸出量	定基指數	成長率	日本茶 輸出量	定基指數	成長率
1871	1,502,100	100.00	—	17,258,000	100.00	—
76	6,487,800	431.29	331.92	17,608,000	102.03	2.03
81	11,978,600	797.46	84.63	22,460,000	127.56	27.56
86	13,798,000	918.58	15.19	26,502,000	150.51	18.00
91	15,029,500	1,000.57	8.93	32,770,500	186.11	23.65
96	19,327,500	1,286.70	28.60	52,748,500	299.57	60.96

地年代	印度及錫蘭茶 輸出量	定基指數	成長率	中國大陸茶 輸出量	定基指數	成長率
1871	15,351,600	100.00	—	212,780,400	100.00	—
76	29,001,700	188.92	88.92	214,524,800	100.82	0.82
81	49,873,000	324.87	71.97	251,996,533	118.43	17.47
86	87,167,000	567.80	74.78	247,440,400	116.29	-1.81
91	174,785,000	1,138.55	100.52	189,489,733	89.05	-23.42
96	215,405,000	1,403.14	23.24	151,413,467	71.16	-20.09

地年代	合計 輸出量	定基指數	成長率
1871	246,892,100	100.00	—
76	267,622,300	108.40	8.40
81	336,308,133	136.22	22.67
86	374,907,400	151.85	11.48
91	412,074,733	166.90	9.91
96	438,894,467	173.72	6.51

資料來源：Davidson [1903]蔡譯，《臺灣之過去與現在》，頁258。

註：本表原資料合計有誤，本版予以重新計算。

$$\text{定基指數} = \frac{\text{各年輸出量}}{1871\text{年輸出量}} \times 100\%$$

$$\text{成長率} = \left(\frac{\text{本期輸出量}}{\text{前期輸出量}} - 1\right) \times 100\%$$

臺茶對中國大陸茶的競爭，以其取代福州、廈門茶為最明顯。初期是因臺茶的價格較為低廉，後來則因臺茶品質改善，加上美國市場偏好臺茶之特殊風味[1]，故臺茶出口地位日趨重要。

出口的臺茶包括烏龍茶及包種茶，而以烏龍茶為大宗。烏龍茶的主要輸出地是美國，包種茶則以南洋為主要輸出地區。英國亦是臺茶之一輸出地[2]。據1881年的《淡水海關報告》記載，美國、英國、南洋約佔該年臺茶出口之90％、5％及5％[3]。另一方面，因運往美國的茶主要由廈門轉口，運往英國的茶主要由香港轉口，根據《海關報告》，1872至1891年間，廈門、香港進口臺灣烏龍茶的比例分別是98％與2％（見表2.2）。因此就1872至1891這段期間

---

[1] 《海關報告》，1869，淡水部分，p.158仍說：「由淡水出口的茶很少，不足以影響福州、廈門的烏龍茶市場。」但《領事報告》，vol. 14, p.532已說：「1883年臺灣的茶有十二分之十一運銷美國，年復一年，飲用臺茶成為美國的一種時尚。廈門與福州的烏龍茶如今已不能與臺灣的烏龍茶競爭。14至15年前，福州、廈門一年供給美國約1,000萬磅茶，臺灣只供應200至250萬磅；如今臺灣供應1,200萬磅，福州、廈門供應350萬磅。故臺茶與廈門、福州茶在美國市場的地位剛好對調，而福州與廈門茶地位的陵夷也是1883年臺茶需要大增的原因。」《領事報告》，vol. 12, p.368記載：「臺灣的茶因為比中國其他各地所產的茶便宜，1871至1877年間銷路一年好似一年。」《海關報告》，1881，淡水部分，p.6也說：「臺灣的烏龍茶深得全美國愛好，由其價格之高可以證明，最好的臺灣烏龍茶比大陸的烏龍茶好。」有關美國偏愛臺灣烏龍茶的情形詳見：《領事報告》，vol. 18, p.34，1893，Hosie's Report；同前，vol. 13, p.347, 1879, 淡水部分；Davidson [1903]蔡譯，頁267。

[2] 《海關報告》，1881，淡水部分，p. 7；《領事報告》，vol. 13, p. 347, 1879，淡水部分；Davidson [1903]蔡譯，頁258。

[3] 《海關報告》，1881，淡水部分，p. 7.

而言,美國進口臺茶佔臺茶總出口比例應高於90%,而英國進口臺茶,只為了與他種茶混飲,對臺茶無多大偏好[4]。

表2.2 臺灣烏龍茶經廈門、香港之轉口量(1872-1891)

單位:擔

年代	香港	佔總額%	廈門	佔總額%	總 額
1872	19,513	100.00	—	—	19,513
73	468	3.01	15,090	96.99	15,558
74	1,972	8.01	22,638	91.99	24,610
75	349	0.84	41,166	99.16	41,515
76	259	0.44	58,646	99.56	58,905
77	294	0.42	68,936	99.58	69,230
78	582	0.73	79,679	99.27	80,261
79	403	0.47	84,629	99.53	85,032
80	645	0.71	89,830	99.29	90,475
81	732	0.76	95,714	99.24	96,446
82	908	1.01	89,395	98.99	90,303
83	702	0.71	98,348	99.29	99,050
84	753	0.76	97,921	99.24	98,674
85	1,043	0.85	121,687	99.15	122,730
86	1,007	0.83	120,280	99.17	121,287
87	882	0.70	125,560	99.30	126,442
88	1,495	1.10	134,246	98.90	135,741
89	1,607	1.23	129,100	99.77	130,707
90	1,249	0.97	127,380	99.03	128,629
91	1,672	1.23	134,081	98.77	135,753
合計	36,535	2.06	1,734,326	97.94	1,770,861

資料來源:《海關報告》,1881年以降歷年淡水部分。

除了少數的烏龍茶、包種茶出口至中國大陸之外,1860至1895年間,臺灣另有為數甚少的茶屑出口至福州、天津、煙臺、香港

---

4 《海關報告》,1881,淡水部分,p.7;《領事報告》,vol. 13, p.347;
《海關報告》,1879,淡水部分;Davidson [1903]蔡譯,頁258。

等地。運往福州的茶屑與福州紅茶合製成茶磚，運往俄羅斯[5]。

此外，因為臺茶主要產於臺灣北部，臺灣南部亦由北部進口少量劣等茶飲用[6]。

二、糖

世界上的糖產地非常廣闊，在北緯36度與南緯30度之間均可產蔗糖[7]，歐陸中北部則可產甜菜糖[8]。臺灣屬於蔗糖產地。

開港之前，臺灣蔗糖的主要出口地區是大陸及日本。開港之後，外銷市場更擴大至澳洲、西歐、北美及南美等地[9]。

1860至1895年間，臺灣出口的糖分赤糖與白糖兩種。臺糖出口以赤糖為主。白糖由赤糖加工去除部分糖蜜而成。白糖主要供華北食用，僅有小部份輸出日本[10]，赤糖供中國大陸、日本食用及

---

5 臺灣總督府民政局殖產部，《臺灣產業調查表》（東京：金城書院，1896[明治29]），頁75。

6 《海關報告》，1867，淡水部分，Monthly Report。

7 孫鐵齋，〈臺灣之糖〉，《臺灣之糖》（臺灣特產叢刊 [以下簡稱特叢] 第1種，臺北：臺銀，民國38年），頁24-44。

8 《海關報告》，1884，打狗部分，p.274.

9 臺糖市場，荷據時期遠及波斯、荷蘭、日本，明鄭時期遠及波斯、英國、日本，見孫鐵齋，〈臺灣之糖〉；入清以後臺糖市場縮小而僅保有日本、呂宋，康熙末期且闢有華北市場，而漸以華北為主。呂宋在鴉片戰爭五口通商以後，不但不再是臺糖市場，且與臺糖競爭中國大陸市場。見《舊慣經資報告》，上冊，頁126；連雅堂，《臺灣通史》，頁734。

10 P. H. S., *Montgomery, Decennial Report of Tainan, 1882-91*（上海：1893），謙祥譯，〈1882-1891臺灣臺南海關報告書〉，《臺灣經濟史六集》（臺銀研叢第54種），頁85-108。《海關報告》，1876，打狗部分，p.103.

製糖果用,或供歐美澳各國精製用[11]。中國大陸、日本因與工業革命前的歐洲人一樣,仍吃含有糖蜜的粗製糖,故未加工即直接使用。至於十九世紀下半葉的歐美人用糖則需先加工去除糖蜜。另外,由於中國大陸偏好臺南府的糖,日本偏好打狗產區的糖,在1860至1895年間,中國大陸及日本一直是臺糖的主要市場[12]。

若將1868至1895年間的臺糖市場分成中國大陸及外國兩部分。中國大陸佔臺糖出口總量比例,1865年是98%[13],1868及1869兩年是93%。開港初期,臺糖市場以中國大陸為主的現象,很可能即為開港以前的現象。1870至1895年間大陸佔臺糖出口比例則降至60%以下,其中1872至1891年間在50%以下,1877至1883年間甚而降至30%以下(見表2.3)。對中國大陸之出口比重減小,主要是因為外國市場擴大而使其相對地位下跌,但中國大陸進口臺糖量則大致仍保持在1868年出口之24萬擔以上。

中國大陸進口臺糖的口岸以芝罘(煙臺)、天津、上海、寧波、牛莊為主。1868至1895年間其進口臺糖總量分別佔此期間中國大陸進口臺糖總量之44.59%、24.02%、19.49%、9.24%、1.21%,其

---

11 《領事報告》,vol. 17, p.155;vol. 16, p.309。《海關報告》,1875,打狗部分,p.224。

12 因打狗地區較臺南府地區氣候炎熱,土地肥沃,所產甘蔗含汁較多,所製之糖成分較純,不獨日本偏愛,其他外國亦偏愛,但臺南區的糖為華北、華中所喜,故同樣的臺南糖在日本須以較華北、華中低20%的價錢方能售出。見《海關報告》,1878,打狗部分,p.232;1889,打狗部分,p.326。《領事報告》,vol. 17, p.149,1891,打狗部分。

13 《海關報告》,1876,打狗部分,p.100記載:「1865年出口100,000擔,運往外國的只有2,000擔,佔2%。」

表2.3　中國大陸與外國進口臺糖量之比較（1868-1895）

單位：擔

年代	輸出總額	外　國	百分比	中國大陸	百分比
1868	255,927	17,150	6.70	238,777	93.30
69	257,683	12,212	4.74	240,471	93.32
70	552,800	217,372	39.32	335,428	60.68
71	557,350	228,998	41.09	328,352	58.91
72	611,007	303,092	49.61	307,915	50.39
73	490,324	241,427	49.24	248,897	50.76
74	672,677	373,762	55.56	298,915	44.44
75	491,944	334,427	67.98	157,517	32.02
76	851,488	489,457	57.48	362,031	42.52
77	567,582	423,481	74.61	144,101	25.39
78	391,854	232,838	59.42	159,016	40.58
79	701,684	431,269	61.46	270,415	38.54
80	977,625	752,630	76.99	244,995	25.06
81	718,585	460,851	64.13	257,734	35.87
82	573,145	413,992	72.23	159,153	27.77
83	734,647	531,995	72.42	202,652	27.58
84	593,291	324,427	54.68	268,864	45.32
85	500,876	295,241	58.94	205,635	41.06
86	362,826	223,338	61.56	139,488	38.44
87	522,290	267,640	51.24	254,650	48.76
88	615,830	352,797	57.29	263,033	42.71
89	544,225	315,153	57.91	229,072	42.09
90	676,773	347,285	51.31	329,488	48.69
91	545,347	280,524	51.44	264,823	48.56
92	558,630	265,675	47.56	292,955	52.44
93	480,529	182,971	38.08	297,558	61.92
94	671,974	320,548	47.70	351,426	52.30
95	570,996	249,098	43.63	321,898	56.37

資料來源：《海關報告》，歷年打狗、臺南部分。

他如廈門、福州、鎮江、汕頭等均在1%以下（見表2.4）。因中國大陸僅西南地區、南部地區生產蔗糖，故華北、華中為臺糖可能出口的地區。又因臺灣地區種蔗成本較中國大陸為低，價格較為低廉，亦為華北、華中所喜[14]。而華中在太平天國亂後的經濟復甦，亦刺激其對臺糖之增加需求[15]。

　　至於進口臺糖的外國，以日本最為重要。其主要原因有三：(1)日本自身糖產不多；(2)日本的地理位置接近臺灣，交通方便；(3)日人對臺灣糖有所偏好[16]。因此早在荷領、明鄭時期，日本已是臺糖的主要市場。明治維新以後，隨著經濟繁榮，對臺糖的需要量更為增加[17]。1868至1895年間日本進口臺糖總額佔同期外國進口總額之69.55%，達619萬擔，與中國大陸進口臺糖總額之為718萬擔，僅差100萬擔（見表2.4表2.5及圖2.1）。1885至1895年間，除1886年之外，日本在臺糖輸出外國總額中所佔比例更高達91-99%（見表2.5）。

　　居外國進口臺糖第二位的澳洲，是日本、香港以外，最早與臺灣建立糖貿易關係的外國。其進口臺糖是因1870至1875年間墨爾缽(Melborne)、雪梨(Sidney)設立精製糖廠，急需原料[18]。1876年以後澳洲漸轉向爪哇、馬尼拉買糖。在1877至1883年間，只有在其他地區糖歉收時，才向臺灣買糖。但1884年以後，澳洲本身

14　《海關報告》，1883，打狗部分，p.277.
15　《海關報告》，1868，打狗部分，p.77.
16　Davidson[1903]蔡譯，頁312。
17　Davidson[1903]蔡譯，頁328；《海關報告》，1891，打狗部分，p.360.
18　《海關報告》，1876，打狗部分，pp. 102-103.

表2.4　中國沿岸各港進口臺糖之比例（1868-1895）

單位：擔

年代	輸出總額	天津	%	煙臺	%
1868	238,777	33,814	14.16	108,365	45.38
69	240,471	48,253	20.07	90,596	37.67
70	335,428	16,286	4.86	110,886	33.06
71	328,352	25,565	7.79	185,286	56.43
72	307,915	25,739	8.36	168,310	54.66
73	248,897	37,589	15.10	171,259	68.81
74	298,915	35,807	11.98	198,988	66.57
75	157,517	8,772	5.57	119,575	75.91
76	362,031	26,028	7.19	233,799	64.58
77	144,101	35,918	24.93	91,442	63.46
78	159,016	15,995	10.06	117,926	74.16
79	270,415	35,487	13.12	159,984	59.16
80	244,995	41,025	16.75	127,167	51.91
81	257,734	62,322	24.18	136,345	52.90
82	159,153	33,777	21.22	73,775	46.35
83	202,652	45,787	22.59	77,594	38.29
84	268,864	83,875	31.20	105,955	39.41
85	205,635	85,014	41.34	63,666	30.96
86	139,488	45,888	32.90	60,017	43.03
87	254,650	93,240	36.61	114,828	45.09
88	263,033	105,599	40.15	109,828	41.75
89	229,072	116,758	50.97	65,841	28.74
90	329,488	129,928	39.43	117,640	35.70
91	264,823	116,539	44.01	83,005	31.34
92	292,955	111,526	38.07	73,507	25.09
93	297,558	98,005	32.94	76,359	25.66
94	351,426	128,505	36.57	79,550	22.64
95	321,898	80,427	24.99	79,066	24.56
合計	7,175,259	1,723,468	24.02	3,200,559	44.61

資料來源：《海關報告》，歷年打狗、臺南部分。

表2.4（續）

年代	牛莊	%	上海	%	寧波	%
1868	—	—	33,081	13.85	60,986	25.54
69	1,956	0.81	31,246	12.99	67,382	28.02
70	3,850	1.15	104,353	31.11	86,535	25.80
71	1,698	0.52	74,267	22.62	41,536	12.65
72	3,805	1.24	83,156	27.01	23,833	7.74
73	6,483	2.60	16,848	6.77	14,788	5.94
74	7,937	2.66	47,474	15.88	5,957	1.99
75	—	—	27,363	17.37	—	—
76	16,340	4.51	60,023	16.58	8,087	2.23
77	—	—	8,586	5.96	2,594	1.80
78	2,107	1.33	18,208	11.45	3,746	2.36
79	4,850	1.79	62,225	23.01	1,947	0.72
80	7,486	3.06	68,909	28.13	—	—
81	3,820	1.48	52,496	20.37	—	—
82	—	—	45,018	28.29	5,268	3.31
83	6,143	3.03	71,627	35.34	—	—
84	—	—	74,749	27.80	3,149	1.17
85	—	—	52,462	25.51	3,517	1.71
86	—	—	21,761	15.60	11,259	8.07
87	4,768	1.87	30,358	11.92	11,454	4.50
88	4,201	1.60	29,223	11.11	14,050	5.34
89	—	—	30,362	13.25	12,834	5.60
90	8,154	2.47	49,768	15.10	23,814	7.23
91	758	0.29	33,158	12.52	30,602	11.56
92	493	0.17	56,762	19.38	45,810	15.64
93	1,978	0.66	61,835	20.78	50,736	17.05
94	—	—	66,730	18.99	69,446	19.76
95	—	—	86,640	26.92	63,422	19.70
合計	86,827	1.21	1,358,688	19.49	662,752	9.24

表2.4（續）

年代	福州	%	廈門	%	鎮江	%	汕頭	%
1868	1,230	0.52	1,301	0.54	—	—	—	—
69	682	0.28	356	0.15	—	—	—	—
70	11,433	3.41	2,085	0.62	—	—	—	—
71	—	—	—	—	—	—	—	—
72	279	0.09	2,793	0.91	—	—	—	—
73	—	—	1,930	0.78	—	—	—	—
74	—	—	2,752	0.92	—	—	—	—
75	—	—	1,807	1.15	—	—	—	—
76	—	—	17,754	4.90	—	—	—	—
77	—	—	5,561	3.86	—	—	—	—
78	—	—	1,034	0.65	—	—	—	—
79	—	—	5,922	2.19	—	—	585	0.22
80	13	0.00	395	0.16	—	—	986	0.62
81	186	0.07	1,980	0.77	—	—	32	0.01
82	323	0.20	6	0.00	—	—	—	—
83	5	0.00	1,454	0.72	—	—	—	—
84	655	0.24	161	0.06	320	0.12	—	—
85	—	—	976	0.47	—	—	—	—
86	—	—	563	0.40	—	—	—	—
87	—	—	202	0.08	—	—	—	—
88	—	—	132	0.05	—	—	—	—
89	—	—	3,277	1.43	—	—	—	—
90	46	0.01	138	0.04	—	—	—	—
91	—	—	473	0.18	288	0.11	—	—
92	106	0.04	—	—	4,573	1.56	678	0.23
93	1,213	0.41	5,616	1.89	1,025	0.34	791	0.27
94	—	—	6,167	1.75	—	—	1,028	0.29
95	—	—	11,855	3.68	435	0.14	53	0.02
合計	16,171	0.23	76,690	1.07	6,641	0.09	4,153	0.06

表2.5 各國進口臺糖之比例(1868-1895)

單位：擔

年代	輸出總額	日本	%	澳洲	%	英國	%	美國	%
1868	17,150	3,936	22.95	4,410	25.71	—		—	
69	17,212	13,756	79.92	—		—		—	
70	217,372	157,952	72.66	43,726	20.12	—		—	
71	228,998	179,932	78.57	25,730	11.24	—		—	
72	303,092	162,355	53.57	59,919	19.77	46,865	15.46	28,953	9.55
73	241,427	148,077	61.33	61,237	25.36	—		29,755	12.32
74	373,762	218,577	58.48	88,797	23.76	—		43,261	11.57
75	334,427	233,946	69.95	72,323	21.63	—		19,500	5.83
76	489,457	275,685	56.32	5,831	1.19	142,374	29.09	—	
77	423,481	242,421	57.24	79,264	18.72	18,500	4.37	73,077	17.26
78	232,838	165,967	71.28	49,409	21.22	11,676	5.01	—	
79	431,269	284,663	66.01	139,799	32.42	—		—	
80	752,630	331,894	44.10	46,079	6.12	152,220	20.23	130,431	17.33
81	460,851	283,998	61.62	45,484	9.87	69,929	15.17	—	
82	413,992	198,696	48.00	158,850	38.37	—		19,744	4.77
83	531,995	245,550	46.16	107,220	20.15	92,075	17.31	55,166	10.37
84	324,427	118,605	36.56	—		14,000	4.32	37,050	11.42
85	295,241	267,312	90.54	—		16,364	5.54	—	
86	223,338	138,160	61.86	—		—		49,830	22.31
87	267,640	257,122	96.07	—		—		—	
88	352,797	332,391	94.22	—		—		—	
89	315,153	309,526	98.21	—		—		—	
90	347,285	344,945	99.33	—		—		—	
91	280,524	273,378	97.45	—		—		—	
92	265,675	262,892	98.95	—		—		—	
93	182,971	180,934	98.89	—		—		—	
94	320,548	309,757	96.63	—		—		—	
95	249,098	243,719	97.84	—		—		—	
合計	8,894,650	6,186,146		988,078		564,003		486,767	
百分比	100		69.55		11.11		6.34		5.47

資料來源：《海關報告》，歷年打狗部分

表2.5（續）

單位：擔

年代	加拿大	%	紐西蘭	%	法爾巴拉索	%	香港	%
1868	—	—	—	—	—	—	8,804	51.34
69	—	—	—	—	—	—	3,456	20.08
70	—	—	—	—	—	—	15,694	7.22
71	—	—	—	—	—	—	23,336	10.19
72	—	—	—	—	—	—	5,000	1.65
73	—	—	—	—	—	—	2,358	0.99
74	—	—	—	—	—	—	23,127	6.19
75	—	—	—	—	—	—	8,658	2.59
76	—	—	—	—	14,249	2.91	51,318	10.48
77	—	—	—	—	—	—	10,219	2.41
78	—	—	—	—	—	—	5,786	2.48
79	—	—	—	—	—	—	6,807	1.58
80	—	—	—	—	—	—	92,006	12.22
81	—	—	—	—	—	—	61,440	13.33
82	18,500	4.46	—	—	—	—	18,202	4.40
83	19,402	3.65	—	—	—	—	12,582	2.37
84	95,190	29.34	8,766	2.70	—	—	50,816	15.66
85	—	—	—	—	—	—	11,565	3.92
86	26,300	11.78	—	—	—	—	9,048	4.05
87	—	—	—	—	—	—	10,518	3.93
88	—	—	—	—	—	—	20,406	5.78
89	—	—	—	—	—	—	5,627	1.79
90	—	—	—	—	—	—	2,340	0.67
91	—	—	—	—	—	—	7,146	2.55
92	—	—	—	—	—	—	2,787	1.05
93	—	—	—	—	—	—	2,037	1.11
94	—	—	—	—	—	—	10,791	3.37
95	—	—	—	—	—	—	5,379	2.16
合計	119,392		8,766		14,249		487,249	
百分比		1.79		0.10		0.16		5.48

資料來源：《海關報告》，歷年打狗部分

亦開始產糖，因此不但未再進口臺糖，且與臺糖發生競爭[19]。不過其在1870至1883年間進口臺糖總量已佔1868至1895年間外國進口臺糖總量之11.11%。

英國只在1872至1885年之13年間進口臺糖，其中且有5年未進口。英國是不產糖國家，但其比鄰的德、法、俄、奧、荷、比等國均產甜菜糖。其在西印度群島、南洋地區的殖民地亦均生產蔗糖，提供所需，故英國僅在這些地區糖減產時，才會從距離遙遠的臺灣進口蔗糖[20]。英國在1872至1885年間所進口的臺糖總額，佔1868至1895年間外國進口臺糖總額之6.34%，居第三位。

香港雖在1868至1895年間一直進口臺糖，但數量極少，僅佔同期外國進口臺糖總額之5.48%，居第四位。其進口臺糖，部分再轉口，部分則加工成精製糖使用[21]。

美國進口臺糖的時間集中於1872至1886年間。因1874年以降，美國為保護夏威夷蔗糖，對臺糖課以精製糖之入口稅[22]；加上其與臺灣距離遙遠，故僅佔1868至1895年間外國進口臺糖總額之5.47%，居第五位。

其餘外國，加拿大僅1882至1886年間，紐西蘭僅1884年，法

19　《海關報告》，1887，打狗部分，p. 300。
20　《舊慣經資報告》，1905，上冊，頁126；連雅堂，《臺灣通史》，頁734。
21　《領事報告》，vol. 16, p. 309, 1889，打狗部分；Albrecht Wirth著[1898]，周學譜譯，〈臺灣之歷史〉，《臺灣經濟史六集》（臺銀研叢第54種，臺北：臺銀，民國46年），頁1-85。
22　《海關報告》，1874，打狗部分，p.141；Davidson [1903]蔡譯，頁308。

爾巴拉索(Valparaiso)僅1876年進口臺糖,分別佔1868至1895年間外國進口臺糖總額之1.29%、0.16%、0.1%,在清末臺糖的出口市場之中不很重要。

三、樟腦

樟腦在1890年用為塞璐珞(Celluloid)原料以前,主要是供藥用。中醫用來治療風濕、疹癬、霍亂等。西醫用來作內科用強心劑,治療皮膚病、神經衰弱症等。此外即用來防蟲,製造煙火、香水、穩定油漆及供製印度宗教儀式中所用的香。1889年樟腦也一度作為無煙火藥之原料[23]。

塞璐珞發明於1869年,但在1890年以後才開始大量引用樟腦做為原料。塞璐珞是人類發明的第一種合成塑膠,在第二次世界大戰以前,其在歐、美、蘇、日等國工業中佔極重要之地位,曾廣泛用於梳子、鈕扣、膠卷、玩具及許多消費品的製造上[24]。塞璐珞工業之蓬勃,使臺灣成為一樟腦王國。但這主要是日領以後之事,本書之研究範圍內,僅1890至1895年間受其影響。

清末臺灣及日本是世界主要的兩個樟腦產區[25]。清末臺灣之樟

---

23 《海關報告》,1868附1869,淡水部分,p. 169;1890,淡水部分,p. 312;《領事報告》vol. 32, p. 418, 1861,臺灣部分;臺灣銀行經濟研究室,《臺灣之樟腦》(特叢第10種),頁1。

24 *Encyclopedia Britannia*, 1973, vol. II, p. 673.

25 據C. A. Mitchell, *Camphor in Japan and in Formosa* (London: Chiswick Press for private circulation, 1900, 中央圖書館臺灣分館藏), pp.4-5, 55. 世界上另一樟林分布區是中國大陸長江以南的地區。據1603年寫成之《本草綱目》記載:「我國製腦可考者,遠在百年有之矣。」(轉引自臺灣銀行經濟研究室,《臺灣之樟腦》,頁1。)可見中國自16

腦出口量如表2.6所示。比較臺灣與日本的樟腦出口值，1877年以前，臺灣多於日本；1878至1892年間，日本多於臺灣；1893年以降，臺灣又多於日本(見表2.7)。臺灣與日本既是世界僅有的兩個天然樟腦供應地，自亦壟斷整個世界之樟腦市場。1877年以前臺灣壟斷世界的樟腦市場，是外人來臺通商的根本動機之一。但因技術落後，『番』害嚴重，臺灣之世界樟腦壟斷權於1878至1892年間轉入日本之手。又因當時樟腦主要係供藥用，藥用樟腦必先結晶，而臺灣樟腦非加點日本樟腦不能結晶，因此更加強日本之壟斷地位，世界樟腦價格遂由日本操縱[26]。1890年以後，因塞璐珞所用樟腦不必結晶，日本樟木又砍伐殆盡，臺灣遂重操世界樟腦壟斷權。

(接前頁)

世紀以來已有樟腦生產。J. D. Clark 編著的 *Formosa*（上海：1896）一書謂：「中國大陸之樟木和其他木材一樣，因中國人的濫伐，業已耗盡」，光復後臺灣省樟腦局局長徐學文之調查資料有大陸在二次大戰以後之樟腦蘊藏量，見：徐學文，〈臺灣樟腦之經濟觀〉，《臺樟通訊》，第1卷第1期（臺灣省樟腦局，民國37年），頁2-3。由此可見Clark所說恐為大陸之局部現象。但據海關報告中歷年中國大陸各條約港之進出口表，中國大陸仍需進口樟腦，其中以上海、漢口進口最多；又《臺灣之樟腦》，頁5有中國大陸1887至1895年間之樟腦出口量，其中未有超過20擔者，可見1868至1895年間中國大陸雖有樟林，但少生產樟腦。

26 《領事報告》，vol. 15, p.665；薛紹元，《臺灣通志》（光緒18年[1892]刊，文叢第36種，臺北：臺銀，民國48年），頁259-260；另參見本書以下出口量及技術等節；《海關報告》，1893，淡水部分，p.352；《領事報告》，vol. 18, p.403。

表2.6　清末臺灣樟腦之出口量（1856-1895）

單位：擔

年代	淡水	打狗	總和	指數	成長率
1856	10,000.00	-	10,000.00	166.67	
61	6,000.00	-	6,000.00	100.00	-
63	14,574.00	-	14,574.00	242.90	142.90
64	8,808.00	-	8,808.00	146.80	-39.56
65	7,785.00	-	7,785.00	129.75	-11.61
66	8,448.00	-	8,448.00	140.80	8.52
67	5,070.00	-	5,070.00	84.50	-39.99
68	14,440.88	812.91	15,253.79	254.23	200.86
69	13,797.13	1,508.12	15,305.25	255.09	0.34
70	14,418.20	2,363.00	16,781.20	279.69	9.64
71	9,691.57	-	9,691.57	161.53	-42.25
72	10,281.49	80.60	10,362.09	172.70	6.92
73	10,755.62	-	10,755.62	179.26	3.80
74	12,079.55	-	12,079.55	201.33	12.31
75	7,139.35	-	7,139.35	118.99	-40.90
76	8,794.53	-	8,794.53	146.58	23.18
77	13,176.85	-	13,176.85	219.61	49.83
78	13,502.60	313.02	13,815.62	230.26	4.85
79	11,048.40	66.37	11,114.77	185.25	-19.55
80	12,335.17	-	12,335.17	205.59	10.98
81	9,316.53	-	9,316.53	155.28	-24.47
82	4,933.84	277.49	5,211.33	86.86	-44.06
83	3,086.24	214.00	3,300.24	55.00	-36.67
84	443.47	19.00	462.47	7.71	-85.99
85	3.14	-	3.14	0.05	-99.32
86	964.13	371.00	1,335.13	22.25	420.06
87	2,520.43	236.38	2,756.81	45.95	106.48
88	2,873.48	961.00	3,834.48	63.91	39.09
89	3,581.15	595.50	4,176.65	69.61	8.92
90	6,482.64	759.20	7,241.84	120.70	73.39
91	16,760.96	2,120.54	18,881.50	314.69	160.73
92	12,969.86	4,570.71	17,540.57	292.34	-7.10
93	26,992.43	6,327.50	33,319.93	555.33	89.96
94	27,810.74	11,736.38	39,547.12	659.12	18.69
95	10,003.83	5,800.85	15,804.68	263.41	-60.04

資料來源：除1856年見Davidson[1903]蔡譯，頁277，1861年見《領事報告》，vol. 32, p.418外，餘見《海關報告》，歷年淡水、打狗部分。

表2.7 臺灣、日本的樟腦出口量比較(1868-1895)

單位：擔

年代＼出口量	臺灣	日本
1868	15,254	4,671
69	15,305	—
70	16,844	—
71	9,692	—
72	10,362	—
73	10,756	4,447
74	12,080	—
75	7,139	—
76	8,795	—
77	13,177	—
78	13,816	20,004
79	11,115	—
80	12,335	—
81	9,317	—
82	5,211	—
83	3,300	48,434
84	463	46,717
85	3	39,682
86	1,335	54,480
87	2,757	64,636
88	3,835	42,838
89	4,177	49,619
90	7,242	50,846
91	18,882	43,873
92	17,541	30,344
93	33,320	24,771
94	39,547	20,652
95	15,805	22,249

資料來源：日本部分1883年之前取自Davidson[1903]蔡譯，頁104；1884年以後取自C. A. Mitchell, *Camphor in Japan and in Formosa*, p.25. 原單位為磅，以1擔=133磅換算成擔。臺灣資料取自表2.6。

第二章 茶、糖、樟腦之出口市場分析

1860至1895年間臺灣的樟腦市場，雖仍包括開港以前原有的中國大陸市場[27]，但以歐、美、印度為主。1893年以前各國進口臺灣樟腦的數量不詳；1893至1897年間各國進口臺灣樟腦的數額依序如下[28]：

國別	德國	美國	英國	法國	印度
數量(磅)	2,240,917	1,835,533	1,722,664	1,204,847	1,002,155

其中以德國最多，美、英、法、印依序次之。

運往中國大陸的臺灣樟腦，多由廈門轉口；運往歐、美、印度者，由香港轉口。香港轉口數量為臺灣出口總量之93.37%，廈門則佔6.63%（見表2.8）。

由以上之討論可知，茶、糖、樟腦的出口結構之中，因世界糖產地較多，臺糖出口市場又遍及世界各地，其市場型態較接近完全競爭市場；臺灣是世界上的重要樟腦產地，臺茶特別得到美國市場的偏好，臺灣茶和樟腦的出口市場型態則較接近不完全競爭市場。

第二節　出口價格與出口量

一、出口價格

27　*Chinese Repository*, vol. II, p.48. 樟腦與茶、糖同為臺灣輸出大陸之重要產品，廣州由臺灣進口許多樟腦。

28　Davidson[1903]蔡譯，頁305；周學譜譯，〈臺灣之歷史〉，頁1-85，亦謂「臺灣樟腦有一大部分在德國精製消費，其餘供印度、哈瓦拉、倫敦使用。」

表2.8 樟腦輸出地

單位：擔

年代	經廈門運往中國大陸 淡水	打狗	合計	經香港運往外國 淡水	打狗	合計
1865	—	—	—	7,785.60	—	7,785.60
66	138.70	—	138.70	8,309.51	—	8,309.51
67	34.00	—	34.00	5,036.99	—	5,036.99
68	2,314.97	812.91	3,127.88	12,126.00	—	12,126.00
69	1,367.94	1,508.12	2,876.06	12,429.00	—	12,429.00
70	4,827.31	2,362.82	7,190.13	9,654.00	—	9,654.00
71	2,468.70	—	2,468.70	7,223.00	—	7,223.00
72	903.48	80.60	984.08	9,378.00	—	9,378.00
73	—	—	—	10,755.62	—	10,755.62
74	—	—	—	12,079.55	—	12,079.55
75	—	—	—	7,139.55	—	7,139.55
76	—	—	—	8,794.53	—	8,794.53
77	27.98	—	27.98	13,148.87	—	13,148.87
78	20.90	—	20.90	13,481.70	313.01	13,794.71
79	—	2.00	2.00	11,048.40	64.37	11,112.77
80	—	—	—	12,335.17	—	12,335.17
81	—	—	—	9,316.57	—	9,316.57
82	44.23	—	44.23	4,889.61	277.49	5,167.10
83	—	—	—	3,086.24	203.77	3,290.01
84	—	18.51	18.51	443.47	—	443.47
85	—	3.80	3.80	3.14	367.00	370.14
86	—	—	—	964.35	—	964.35
87	—	—	—	2,485.76	236.38	2,722.14
88	—	—	—	2,873.48	961.00	3,834.48
89	7.98	—	7.98	3,573.17	596.00	4,169.17
90	—	—	—	6,482.64	759.00	7,241.64
91	407.89	4.50	412.39	16,353.07	2,120.54	18,473.61
92	414.67	—	414.67	12,555.19	4,571.00	17,126.19
93	1,132.57	—	1,132.57	25,859.86	6,327.50	32,187.36
1865-1893	—	—	18,904.58	—	—	266,409.10
佔全臺總出口量比例			6.63%			93.37%

資料來源：歷年海關報告。

表2.9　茶、糖、樟腦之出口價格(1856-1895)

類別 單位 年代	茶 烏龍茶 資料(1) 元/擔	茶 烏龍茶 資料(2) 海關兩/擔	茶 包種茶 元/擔	糖 赤糖 資料(1) 海關兩/擔	糖 赤糖 資料(2) 元/擔	糖 白糖 海關兩/擔	樟腦 資料(1) 元/擔	樟腦 資料(2) 海關兩/擔
1856	—	—	—	—	—	—	8.00	—
61	—	—	—	—	—	—	66.00	—
64	—	—	—	—	—	—	13.25	—
65	—	—	—	—	—	—	15.40	—
66	10.00	—	—	—	—	—	16.00	—
67	15.00	—	—	1.70	—	—	19.00	—
68	20.00	16.34	—	1.70	—	3.80	10.93	6.50
69	16-28	16.34	—	1.60	—	4.00	9.00	6.10
70	32-35	16.83	—	1.70	—	3.90	9.49	6.10
71	24-32	20.25	—	1.80	—	4.10	8.22	4.90
72	38-55	29.87	—	1.70	—	3.80	10.36	6.20
73	10-45	22.64	—	1.70	—	3.60	9.17	6.70
74	23-46	19.28	—	1.70	—	3.80	8.84	6.30
75	16-40	14.92	—	2.10	2.25	4.50	8.25	4.80
76	20-45	18.01	—	1.50	—	3.20	8.71	5.80
77	17-36	18.10	—	2.00	3.18	3.90	10.00	6.00
78	15-55	18.72	—	2.30	3.50	5.20	9.50	6.00
79	35-60	22.90	—	2.30	3.50	4.60	9.76	6.50
80	39.50	23.83	—	2.20	3.00	5.60	12.24	8.20
81	35.65	23.14	26.25	2.10	—	4.40	12.81	8.60
82	34.04	26.60	—	2.20	3.03	3.90	12.33	8.10
83	36.13	22.57	30.00	2.00	—	—	17.47	11.70
84	34.85	23.62	—	2.40	2.23	3.30	11.95	7.90
85	35.12	22.10	—	1.50	2.18	3.70	13.89	8.90
86	37.72	27.50	33.00	2.30	3.05	4.40	16.86	11.00
87	34.46	25.99	—	1.80	2.47	4.10	13.56	8.90
88	36.95	21.47	—	1.90	2.83	3.30	12.00	8.40
89	34.99	21.98	—	2.00	2.70	4.10	16.50	8.80
90	37.34	23.98	—	2.30	2.79	4.00	30.00	15.60
91	31.81	19.98	—	2.50	—	4.20	36.50	15.53
92	36.64	21.43	33.28	2.10	—	3.80	41.75	17.60
93	38.52	24.85	35.50	2.40	—	4.50	44.85	22.10
94	44.74	26.26	43.08	2.40	3.48	4.60	41.00	20.50
95	41.14	29.93	46.74	1.80	—	3.80	68.50	24.30

資料來源：
烏龍茶：資料(1)之中，除了1873年資料取自《海關報告》，1873年淡水部分，p.94以外，均取自Davidson[1903]蔡譯，頁273；資料(2)由《淡水海關報告》之中歷年的茶葉出口值除以出口量求得。
包種茶：1881、1883、1886年部分取自Davidson[1903]蔡譯，頁273；1891-1894年部分取自：臺灣總督府，《臺灣產業調查表》，頁61-62；1895年部分取自該年淡水海關包種茶出口值除以出口量所得之海關兩，再乘以1.54（1海關兩=1.54元）得之。
赤糖：資料(1)由歷年打狗（臺南）海關報告之中，赤糖出口值除以出口量求得；資料(2)歷年打狗（臺南）海關報告、領事報告所載之零星資料。
白糖：歷年打狗海關報告當中之白糖出口值除以出口量求得。
樟腦：資料(1)取自Davidson[1903]蔡譯，頁303，但1861、1864、1866、1867、1868、1875等年價格則依《海關報告》、《領事報告》當中之樟腦出口值除以出口量求得。

1856至1895年間臺灣茶、糖、樟腦的出口價格如表2.9所示。表2.9顯示：（一）茶、糖、樟腦出口單價，均呈上漲的現象，比較1867和1894兩年，其中以茶價提高2倍為最大，樟腦價格提高1.6倍次之，糖價提高0.4倍為最小。（二）就出口單價的波動情形而言，以樟腦的波動幅度為最大，根據表2.9中資料(2)1868至1895年之數字計算，其統計變異數（variance）達29.7，茶次之，變異數為14.5，糖最小，變異數僅0.1[29]。茲分別說明（一）（二）之原因如下：

（一）1860至1895年間，臺灣茶、糖、樟腦出口單價趨於上升的原因：(1)外國市場需要的增加；(2)國際銀價下跌造成以銀價計算的茶、糖、樟腦出口價格上漲。銀價下跌情形見表2.10。

29　統計變異數（variance）計算公式為 $S^2 = \dfrac{\sum (X - \overline{X})^2}{n-1}$，在此 S 表樣本變異數，n 表年數，X 表任何一年的價格，$\overline{X}$ 表歷年價格平均數，∑為總和之意。

表2.10　上海海關兩匯率（1863-1895）

年代	英幣 先令s	英幣 便士d	美金(元) $(gold)	法朗 Franc	馬克 Marks	盧比 Rupees	墨西哥銀元 Mexican dollar	港幣
1863	—	—	—	—	—	—	—	—
64	—	—	—	—	—	—	—	—
65	—	—	—	—	—	—	—	—
66	—	—	—	—	—	—	—	—
67	—	—	—	—	—	—	—	—
68	6	5	1.55	8.00	—	—	—	—
69	6	8	1.60	8.43	—	—	—	—
70	—	—	—	—	—	—	—	—
71	6	6	1.58	8.14	—	—	—	—
72	6	8	1.60	8.43	—	—	—	—
73	6	5	1.56	8.09	—	—	—	—
74	6	4	1.54	8.01	—	—	—	—
75	6	2	1.50	7.82	—	—	—	—
76	5	11	1.45	7.51	—	—	—	—
77	6	6	1.47	7.60	—	—	—	—
78	5	12	1.45	7.52	—	—	—	—
79	5	7	1.35	7.10	—	—	—	—
80	5	10	1.38	7.24	—	—	—	—
81	5	7	1.37	7.15	—	—	—	—
82	5	9	1.38	7.13	—	—	—	1.53
83	5	7	1.36	7.05	—	—	—	1.54
84	5	7	1.35	7.06	—	—	—	1.52
85	5	4	1.28	6.64	—	—	—	1.52
86	5	0	1.22	6.34	5.11	—	1.45	—
87	4	10	1.20	6.18	4.95	—	1.54	—
88	4	8	1.15	5.93	4.75	—	1.54	—
89	4	9	1.15	5.95	4.85	—	1.54	—
90	5	2	1.27	6.47	5.29	—	—	1.54
91	4	11	1.20	6.20	5.00	2.22	1.52	1.53
92	4	4	1.07	5.49	4.44	3.00	1.54	—
93	3	11	0.96	4.97	4.02	—	1.54	—
94	3	2	0.77	4.02	3.26	—	1.51	—
95	3	3	0.80	4.11	3.34	2.94	1.53	—

資料來源：《海關報告》，歷年全國部分。

1875至1880年間銀價直走下坡，使烏龍茶、赤糖、樟腦價格於1875至1880年間，亦相對趨於上揚[30]。以上(1)、(2)兩項皆是影響茶和樟腦價格上升的原因，故其上升幅度較大，影響糖價格的因素則以(2)為主，故其價格上漲明顯地分布在1877年銀幣貶值之後，其他年份則上漲幅度較小[31]。

（二）出口單價之變動以樟腦最大，茶次之，糖最少的原因：(1)就市場競爭型態而言，糖的出口市場接近完全競爭市場，在長期均衡(long run equilibrium)的分析當中，完全競爭市場的價格，應趨向於單位成本，故糖價變動較小；臺灣茶和樟腦的出口所面臨的是不完全競爭市場，出口價格不趨於單位成本，因此常隨市場需要而變動，波動幅度較大。(2)就市場需要而言，樟腦因用途較廣，尤其1890年塞璐珞工業建立之後，需要劇增，造成價格巨幅提高；茶和糖則僅供作飲料及食物，用途一定，故需要較為穩定，價格波動較少。(3)就市場供給而言，樟腦受「番亂」等非經濟因素影響甚大，加上臺灣佔世界樟腦總供給量極大的比例，供給的波動直接影響世界腦價的波動。至於茶和糖則一方面受非經

---

[30] 《海關報告》，1876，打狗部分，p.100 謂「1876年之匯率有助於糖價之上漲」；《海關報告》，1893，淡水部分，p.352 謂「腦價提高，一則因樟腦本身價值提高，一則因銀幣貶值」；據Ramon H. Myers, "Taiwan Under Ch'ing Imperial Rule,1684-1895：The Traditional Economy," *Journal of the Institute of Chinese Studies of the University of Hong Kong,* vol.V, no.2，1972謂清末臺灣物價呈上揚趨勢，銀幣貶值當為關鍵。

[31] 《海關報告》、《領事報告》有關糖價的影響因素，曾經提到的是歉收導致漲價，成本較高影響價格較高等，見《海關報告》，1881，打狗部分，p.3；1891，打狗部分，p.374；1877，打狗部分，p.177。

濟因素影響較小，另一方面，其佔世界總供給的比例不若樟腦之大，價格波動也因而較小。

二、出口量

1860至1895年間臺灣的茶、糖、樟腦，其出口量均接近產量[32]。其出口成長率以茶為最大。1865年以前，臺灣雖有少量粗製茶出口，但本島用茶亦有賴進口[33]。1866年的《淡水海關報告》始有全年之茶出口數字。若以1865年為基期，1871年烏龍茶出口量為1866

---

32 《領事報告》，vol. 10, p. 246, 1872, 淡水部分記載：「茶運往大陸，樟腦運往香港，而供臺灣本地消費。」故茶和樟腦之產量與出口量極為接近乃是無疑之事。惟前人多認為糖出口量與產量之差距甚大，如馬若孟即採信日據初期的調查資料，謂島內消費佔1/3，出口量佔2/3之說，見Ramon H. Myers, "Taiwan Under Ch'ing Imperial Rule, 1684-1895: The Traditional Economy," *Journal of the Institute of Chinese Studies of the University of Hong Kong*, vol. V, no. 2 (1972), p. 387. 但筆者認為島內消費不若是之大，據《海關報告》，1888，打狗部分，p.328 記載：「1887年糖總產量一般估計為650,000至700,000擔，出口者有615,890擔。」可見即使就糖而言，出口量與產量亦極為接近。

33 陳夢林，《諸羅縣志》，1717刊，文叢第141種(臺北：臺銀，民國51年版)，頁194，「北路無種者，水沙連山中有一種，味別，能消暑瘴；武彝、松蘿諸品，皆至自內地。」直至陳培桂1871年寫《淡水廳志》時才說：「淡水石碇、拳山二堡，居民多以植茶為業，道光年間，各商運茶，往福州售賣。」但即使道光年間臺灣已有粗製茶出口，據1824年寫*Memoirs Relatif a l'Asie* 的Klaproth 說：臺灣出口的茶係供藥用(Davidson [1903]蔡譯，頁257)，所以臺灣飲用茶仍需進口，據《明清史料戊編》，卷2，頁196，1844年兩江總督的奏摺仍說「臺灣商販往內地購置茶葉、湖絲、細緞。」據Davidson [1903]蔡譯，頁261：「臺灣直至1865年6月才未再由大陸進口茶。」

年之10倍；1875年增爲30倍；1877年增爲50倍，至1892年竟達1866年之100倍（見表2.11及圖2.1）。其成長率在1876年以前，除1873年以外，均在31%至95%之間。1877年以後稍減，且波動較大，除1895年以外，其成長率大抵在8%至24%之間（見表2.11及圖2.1）。1881年以後，除烏龍茶以外，另有包種茶出口，其出口量亦逐年增加，至1894年已爲1881年之56倍（見表2.11及圖2.1）。但包種茶的出口量最多時也僅是烏龍茶出口量之1/10（見表2.11）。

圖2.1　臺茶之出口量（1868-1895）

單位：萬擔

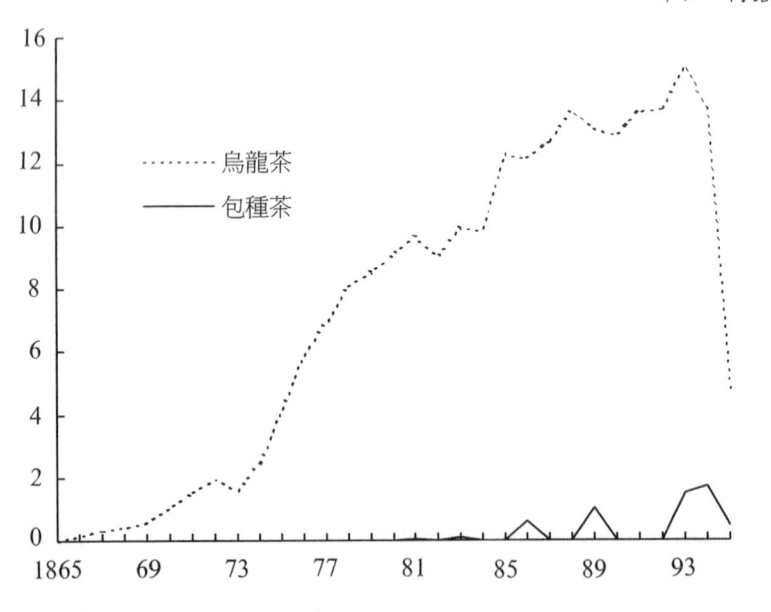

資料來源：表2.11

表2.11　臺茶之出口量(1866-1895)

年代	烏龍茶 出口量(擔)	定基指數	成長率	包種茶 出口量(擔)	定基指數	成長率
1866	1,359.57	100	-	-	-	-
67	2,030.93	149	49.38	-	-	-
68	3,961.58	291	95.06	-	-	-
69	5,469.26	402	38.06	-	-	-
70	10,540.11	775	92.72	-	-	-
71	14,868.08	1,094	41.06	-	-	-
72	19,513.51	1,435	31.24	-	-	-
73	15,609.93	1,148	-20.00	-	-	-
74	24,610.00	1,810	57.66	-	-	-
75	41,573.55	3,058	68.93	-	-	-
76	58,876.79	4,331	41.62	-	-	-
77	69,230.66	5,092	17.59	-	-	-
78	80,261.43	5,903	15.93	-	-	-
79	85,032.83	6,254	5.94	-	-	-
80	90,485.88	6,656	6.41	-	-	-
81	96,446.01	7,095	6.59	305.76	100	-
82	90,303.35	6,642	-6.37	-	-	-
83	99,050.45	7,285	9.69	1,142.86	374	-
84	98,674.36	7,258	-0.38	-	-	-
85	122,730.31	9,027	24.38	-	-	-
86	121,287.07	8,921	-1.18	5,784.44	1,892	-
87	126,474.87	9,303	4.28	-	-	-
88	135,740.90	9,984	7.33	-	-	-
89	130,707.52	9,614	-3.71	10,282.58	3,363	-
90	128,628.91	9,461	-1.59	-	-	-
91	135,752.84	9,985	5.54	-	-	-
92	136,719.03	10,056	0.71	-	-	-
93	149,718.50	11,012	9.51	14,918.50	4,879	-
94	136,825.79	10,064	-8.61	17,176.83	5,618	15.14
95	47,367.53	3,484	-65.38	4,449.90	1,455	-74.10

資料來源：1.烏龍茶部分見歷年之《淡水海關報告》。2.包種茶部分，1881至1889年者見Davidson[1903]蔡譯，頁273，原單位為磅，以1擔=133磅換算成擔；1893至1895年者見歷年之《淡水海關報告》。

隨著1863年、1865年打狗、安平海關的先後開設，1866年才有打狗及安平兩港之糖出口數字。若以1866年為基期，1870年為1866年之2.5倍，1880年為1886年之4.5倍，是清末糖出口的最高峰

（見表2.12，圖2.2）。1881至1895年間的臺糖出口為1866年之1.6至3.3倍之間。

表2.12　臺糖之出口量（1865-1895）

	赤　　糖			白　　糖		
	出口量(擔)	定基指數	成長率	出口量(擔)	定基指數	成長率
1865	117,057.00	52.80	-	28,835.00	121.26	-
66	221,695.00	100.00	89.39	23,779.00	100.00	-17.53
67	247,322.36	111.56	11.56	25,607.00	107.69	7.69
68	255,926.71	115.44	3.48	19,563.81	82.23	-23.64
69	257,699.00	116.24	0.69	12,406.44	52.17	-36.55
70	552,782.27	249.34	114.51	44,647.34	187.76	259.87
71	557,309.73	251.39	0.82	26,544.36	111.63	-40.55
72	611,007.22	275.61	9.64	17,815.83	74.92	-32.88
73	490,324.60	221.17	-19.75	12,532.77	52.71	-29.65
74	672,677.06	303.42	37.19	13,542.91	56.95	8.06
75	481,943.63	217.39	-28.35	5,123.51	21.55	-62.17
76	851,487.57	384.06	76.68	18,455.55	119.67	455.39
77	567,581.43	256.02	-33.34	32,173.83	135.30	13.07
78	391,853.54	176.75	-30.96	21,829.68	91.80	-32.15
79	701,684.25	316.51	79.07	63,614.26	267.52	191.41
80	997,624.44	450.00	42.18	184.62	0.78	-99.71
81	718,585.00	324.13	-27.97	36,133.00	151.95	19,471.55
82	573,144.60	258.53	-20.24	40,309.45	169.52	11.56
83	734,647.00	331.38	28.18	-	-	-
84	593,291.00	267.62	-19.24	69,917.00	294.03	-
85	500,876.29	225.93	-15.58	57,729.00	242.77	-17.43
86	362,825.82	163.66	-27.56	24,511.44	103.08	-57.54
87	522,943.73	235.88	44.13	30,516.62	128.33	24.50
88	615,829.73	277.78	17.76	38,333.91	161.21	25.62
89	544,224.87	245.48	-11.63	25,831.65	108.63	-32.61
90	676,772.99	305.27	24.36	45,868.72	192.90	77.57
91	545,346.77	245.99	-19.42	24,577.68	103.36	-46.42
92	558,626.41	251.98	2.44	42,474.81	178.62	72.82
93	480,529.54	216.75	-13.98	29,390.50	123.60	-30.80
94	671,974.26	303.11	39.84	63,689.72	267.84	116.70
95	570,995.95	257.56	-15.03	59,483.66	250.15	-6.60

資料來源：《海關報告》，歷年打狗部分。
註：淡水出口量，因數目很小，未列入。

圖2.2 臺糖之出口量（1868-1895）

單位：萬擔

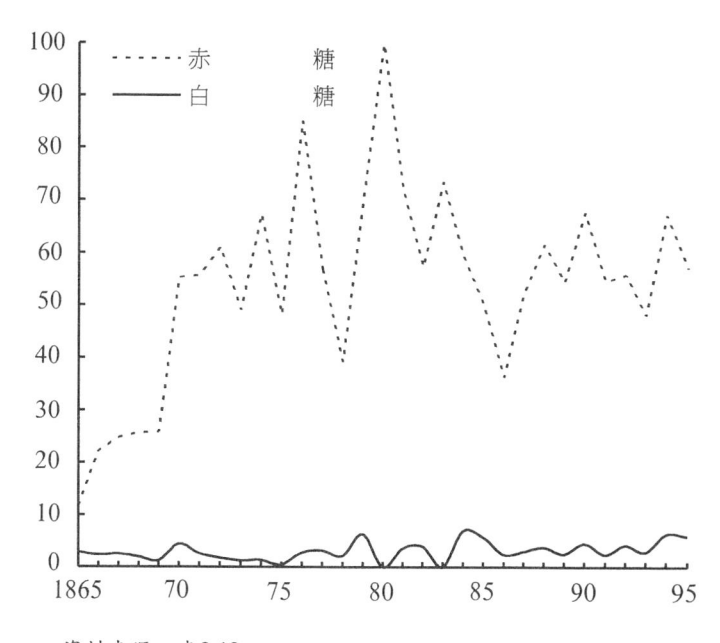

[圖表：赤糖（虛線）與白糖（實線）之出口量比較，1865-1895年]

資料來源：表2.12

　　就臺灣的白糖出口而言，1865至1895年間臺灣的白糖出口總量為赤糖之5.52%，故其在糖出口中的地位不甚重要。白糖於1865至1895年間之出口量大致在1866年之0.5 至2.5 倍間起伏，開港以後其出口量增加不多，但與赤糖相反的是，白糖1881至1895年間之出口量較1865至1880年間為多（見表2.12）。

　　樟腦於1860年開港以後，1861年始有出口數字，若以1861年

為基期，1863至1881年間之樟腦出口量大致為1861年之1至2.5倍，但在1882至1889年的八年間，由於「番」亂以及日本樟腦競爭的影響，出口量均少於1861年，1885年的出口量且近於零。1890年之後，因為塞璐珞工業的建立，樟腦市場擴大，出口量劇增，1893至1894年間增為1861年之5至6倍（見表2.6、圖2.3）。

圖2.3　臺灣樟腦之出口量（1861-1895）

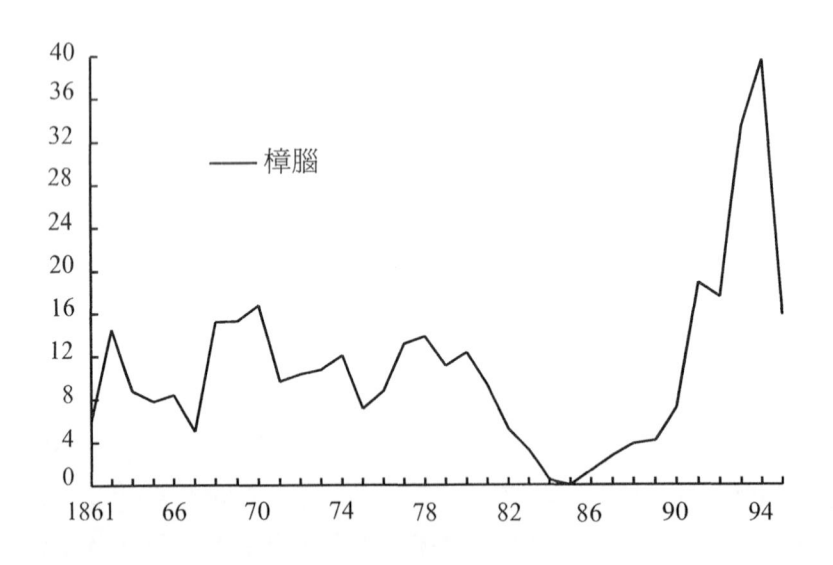

單位：千擔

資料來源：表2.6

不穩定係數可計算剔除長期趨勢後之波動程度[34]。1860年至1895年間臺灣茶、糖、樟腦之出口量不穩定係數分別為5.38%,5.82%及4792.9%。顯示三者之中,以茶及糖出口量的波動幅度較小,樟腦的出口量波動幅度則甚大。其關鍵因素是因樟腦用途較茶、糖為廣,影響供給的非經濟因素也較多。影響歷年茶、糖、樟腦出口的因素如表2.13,表2.14及表2.15所示。

三、小　結

(1)臺灣之貿易範圍,清初以大陸為主,開港之後則透過茶、糖、樟腦的出口而遍及全球。其中茶市場以美國為主,糖市場以中國大陸、日本為主,1870至1886年間且遍及歐美澳等地;樟腦市場以德、美、英、法、印為主。

(2)茶、樟腦的市場結構屬於不完全競爭型態,糖市場屬於完全競爭型態。

(3)開港以後茶、糖、樟腦的出口價格與出口量均呈增加之勢,其增加之主要原因是市場需要的增加;另外,其出口價格亦因銀價貶值而上漲。至於其出口量與出口價格變動的情形則深受

34　J. D. Coppork, *International Economic Instability*（New York：Mcgraw-Hill Book Co., 1962）, p. 24　不穩定係數(I)＝(antilog Vlog-1) 100　對數變異數(Vlog)＝$\sum_{t=1}^{N-1}\left(\log\frac{X_{t+1}}{X_t}-m\right)^2$,X在本文中表歷年出口量,$X_{t+1}$表該年之後一年之出口量,m表所有$\frac{X_{t+1}}{X_t}$之算術平均數,N在此文中表討論之年數。

市場結構及生產因素的影響，如糖價因市場結構屬於完全競爭型態，較接近於單位成本，亦較為穩定，茶和樟腦的出口價格因市場結構屬於不完全競爭型態，易因需要及供給變動而變動。茶、糖、樟腦出口量則以茶和糖的波動較小，樟腦波動較大，概因其受非經濟因素，及用途變化之影響較大。影響各產品出口量價格之生產因素詳於以下之第三章。

(4)茶、糖、樟腦的出口量，以糖最多、茶次之、樟腦居末。但因茶價、樟腦價高於糖價，造成茶出口值最大，糖次之，樟腦又次之。

表2.13　影響臺茶出口之因素（1866-1895）

年代	成長率	因　素	資　料　來　源
1866	—	杜德引入安溪茶農、茶苗，給予貸款，獎勵種茶。	Davidson [1903]蔡譯，pp. 258-259.
67	49.38	杜德載臺茶至澳門。	
68	95.06	杜德引進茶葉再製法。	
69	38.06	杜德載臺茶至紐約。	
70	92.72	外商從事茶葉加工，有信用，銷路大。	《領事報告》，第10冊(以下簡稱《領》[10])，頁93.
71	41.06		
72	31.24	五洋行競買。	Davidson [1903] 蔡譯，p. 259.
73	-20.00	1872年茶商競買虧本；1873年政府加課茶釐；1873年福州、廈門茶出口多。	Davidson [1903] 蔡譯，p. 259；1873，淡海，p.94.
74	57.66		
75	68.93	廈門、福州出口少，對臺茶需要增加，華商大量參與製茶。	《領》[11]，頁586。
76	41.62		
77	17.59	臺茶較大陸茶價廉，1871至1877年間出口一年好似一年。	《領》[12]，頁368。
78	15.93	臺灣因土沃、土質特殊、茶有濃郁香味，為市場所歡迎。	1878，淡海，p.212.
79	5.94	受大陸茶業衰微之影響。	《領》[13]，頁347。
80	6.41	廈門茶商高價買茶，紐約價格未漲，幸而運費降低，損失不太嚴重。	Davidson[1903]蔡譯，pp. 259-260.
81	6.59	包種茶首次由臺灣運銷南洋。	《臺灣文化志》，頁649。
82	-6.37	歉雨、冬季過暖，茶葉歉收；品質低劣，茶商仍競買，紐約拒買，損失嚴重。	《海關十年報告，1882-1891》，淡水。
83	9.69	臺灣烏龍茶取代廈門烏龍茶、福州烏龍茶之美國市場。	《領》[14]，頁532；《領》[18]，頁19。

84	-0.38	法軍封鎖臺灣。	1884,淡海;《領》[15],頁395。
85	24.38		
86	-1.18		
87	4.28		
88	7.33		
89	-3.71	摻雜多,茶價暴跌。	《領》[17],頁222;1889,淡海,頁309;《領》[16],頁524。
90	-1.59	臺茶獨特味道,因廈門茶商摻雜嚴重而漸消失,在美國售價降低;中國政府課重稅;日本茶競爭。	《領》[16],頁524;1889,淡海, 頁309。
91	5.54	臺茶因摻雜而品質普遍低落。	《海關十年報告,1882-1891》,淡水。
92	0.71	9月颱風以前,茶質佳,廈門需要多。	《領》[18],頁245。
93	9.51		
94	-8.61	茶收成多,銀價貶值。茶農、茶商均獲利。	《領》[19],頁142。
95	-65.38	臺灣割日。	《領》[19],頁498。

表2.14 影響臺糖出口之因素（1865-1895）

年代	成長率	因　　　素	資　料　來　源
1865	—		
66	89.39		
67	11.56		
68	3.48		
69	0.69		
70	114.51	日本進口量由1869年之1萬4千擔增為15萬擔，佔臺糖出口之1/3。	《海關報告》（以下簡稱《海》），1870，打狗，p.79.
71	0.82		
72	9.64		
73	-19.75		
74	37.19	日本、澳洲、美國舊金山、煙臺進口均增。	《海》1874，打狗，p.141.
75	-28.35		
76	76.68	1874年銷路好，農民增產，價廉而吸引外商；法國、模里西斯、西印度群島減產，英國進口額外增加，中國大陸、日本進口仍多；匯率貶值使糖價提高。	《海》，1876，打狗，p.100；1877，打狗，p.177；1887，打狗，p.300.
77	-33.34	英國主要糖供應地西印度群島、模里西斯增產，加上歐洲使用機器壓蔗，較臺糖成本低、品質好，對臺糖需要減少，臺糖價又漲，運往歐洲成本太高，大陸進口亦減。	《海》1877，打狗，p.177.
78	-30.96	1877年夏秋（甘蔗最需雨季節）無雨，1878年歉收，價漲，除日本以外，其他外國進口少。	《海》1878，打狗，p.230；1881，打狗，p.300.
79	79.07	豐收。	《領》[13]，頁334
80	42.18	法國甜菜歉收，臺灣甘蔗豐收。	《海》1887，打狗，p.300.

81	-27.97	大颱風，歉收，本身糖價漲，競爭能力低。	《海》1881，打狗，p.3.
82	-20.24	歉收。	《海》1881，打狗，p.300.
83	28.18	臺灣甘蔗豐收。	《海》1887，打狗，p.300.
84	-19.24	歐洲糖產多，俄、奧、荷、比甜菜供過於求，德國採取獎勵糖出口政策，使出口價低於內銷價，英國、澳洲不買臺糖。	《領》[15]，頁293《海》1895，打狗，p.275.
85	-15.62	1884至1885年間法軍侵臺，人民多種糧食作物而不種甘蔗。	《海》1887，打狗，p.301.
86	-27.56	1884至1885法軍封鎖，種蔗少，1885年秋大颱風，故1886年歉收；日本另於爪哇、馬尼拉、香港買糖；澳洲自己產糖，臺灣製糖技術落後。	《海》1886，打狗，p.283.《領》[15]，頁664。
87	44.13	生產較多。	《領》[15]，頁663。
88	17.76	日本需要大增。	《海》1888，打狗，p.308.
89	-11.63	施九緞之亂燒毀許多蔗田；山東水災，芝罘、天津進口少；1888年夏天多雨，1889年減產，日本需要稍減。	《領》[16]，頁309。
90	24.36	豐收，糖價高。	《舊慣經資報告》上，p.130.
91	-19.42	減產，馬尼拉與臺灣競爭日本市場。	《海》1891，p.374.
92	2.44	因風害、震災，產量仍少。	《舊慣經資報告》上，p.130.
93	-13.98	1892年夏秋兩次大颱風，減產。	《海》1893，臺南，p.374.
94	39.84	收成好，戰訊傳來，商人出口多。	《舊慣經資報告》上，p.130.
95	-15.03	臺灣割日。	《舊慣經資報告》上，p.130.

表2.15　影響臺灣樟腦出口之因素（1861-1895）

年代	成長率	因　　素	資　料　來　源
1861	—	專賣。	
63	142.9		
64	-39.56	香港腦價低。	《領》[6]，頁482。
65	-11.61		
66	8.52		
67	-39.99		
68	200.86	樟腦條約訂立，腦價降。	《海》1868，淡水，p.164.
69	0.34	樟腦需要量不多。	Davidson[1903]蔡譯, p.280.
70	9.64		
71	-42.25		
72	6.92		
73	3.80		
74	12.31	香港腦價不高。	《領》[11]，頁587。
75	-40.90	香港滯銷，樟木利用方法不經濟，侵入「番」界更甚，原住民與客家腦丁敵意日深。	《海》1875，淡水，p.211.
76	23.18	受香港腦價影響，未因「番」亂。	《海》1875，淡水，p.87
77	49.83	香港腦價漲、製腦地增。	《海》1875，淡水，p.165.
78	4.85	非因香港需要多，乃因銀價貶值，以樟腦易換洋貨較以銀幣購買洋貨划算。	《海》1875，淡水，p.210.
79	-19.55	製法粗劣，「番」害嚴重，華商以樟腦易換洋貨，樟腦售價低，經營樟腦之外商難以競爭，紛紛退出。	《領》[13]，頁346。
80	10.98	非因香港需要多，乃因輪船競爭，運費廉。	《海》1875，淡水，p.194.
81	-24.47	香港腦價降；「番」亂；山地日開，樟木日少，腦業無法振興。	《領》[14]，頁125。
82	-44.06	同1881年。	《領》[14]，頁125。

83	-36.67	同1881年。	《領》[14],頁125。
84	-85.99	同1881年。	《領》[14],頁125。
85	-99.32	法軍封鎖,因隘丁退守,改守海防,「番」害空前嚴重。	《海》1885,淡水;Davidson [1903]蔡譯,p.280.
86	420.06	劉銘傳將腦業改爲專賣,設隘勇保障腦業,但臺灣樟腦製法較日本低劣,不敵日本競爭。	《領》[15],頁622。
87	106.48		
88	39.09		
89	8.92	無煙火藥發明,以樟腦爲原料,腦價漲至一擔50元。	《領》[17],頁272。
90	73.39	樟腦專賣取消;塞璐珞工業勃興。	《領》[17],頁489。
91	160.73	「番」害嚴重。	《領》[17],頁495。
92	-7.10	南部出口增。	《領》[17],頁651。
93	89.96	南部出口增,腦價提高,銀價貶值,日本減產。	《海》1893,淡水,p.352.
94	18.69	年底因海防吃緊,隘勇他調,「番」害嚴重。	《海》1894,淡水,p.358.
95	-60.04	臺灣割日。	《領》[19],頁17。

第三章
茶、糖、樟腦之生產分析

第一節　生產地

　　由於茶樹、甘蔗、樟樹的生長條件不同，清末臺灣所種的茶樹大抵分布於南自彰化、北至石門的丘陵臺地；糖業主要分布於北自北港、南至琅𤩝(恆春)的平原；樟腦業則分布於南自嘉義、北至宜蘭的深山(見圖3.1)。

一、茶

　　茶樹的生長條件是：氣溫約華氏53度至82度之間；年雨量不低於80至100吋；雨季最好在年初；年初的早晨最好有霧；土壤最好需富於有機質，且排水良好，故以礫質黏土或黏質壤土所構成的

圖3.1 臺灣產業分布略圖(1860-1895)

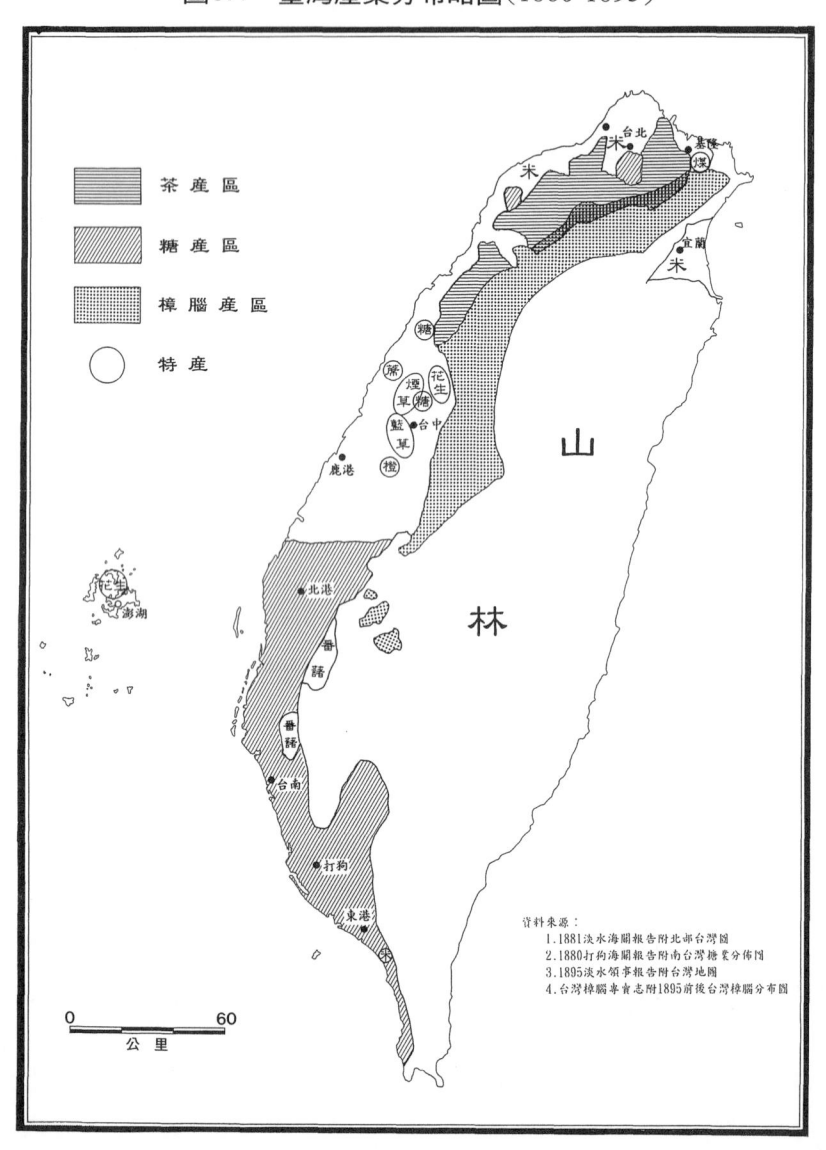

資料來源：
1. 1881淡水海關報告附北部台灣圖
2. 1880打狗海關報告附南台灣糖業分佈圖
3. 1895淡水領事報告附台灣地圖
4. 台灣樟腦專賣志附1895前後台灣樟腦分布圖

第三章 茶、糖、樟腦之生產分析

丘陵地最為適宜[1]。

清朝康雍（18世紀初）至嘉慶（19世紀初）時期，全臺只有水沙連（在今南投縣）一地產野生茶，因產於「番」界難於採收，產量極小[2]。嘉慶年間始有名柯朝者由福建引入武夷茶種在深坑[3]。但至1850年，北部臺灣仍只有深坑、坪林兩地產茶[4]。

開港之後，茶的栽種日廣，彰化至石門間的丘陵臺地逐漸發展成為臺灣的重要茶產地。1878年淡水的《海關報告》曾記載：

> 15年以前，大稻埕四周的山坡上，幾乎看不到一棵茶樹，現在這些山坡都種滿了茶樹，直至「番」界。……茶樹的種植也南拓至北緯24度，幾達臺灣中部[5]。

茶樹栽植至臺灣中部之後，未再往南拓展，此乃是因為南部過於乾熱，幾次栽植均未成功[6]。故南部除山區有少許野生茶以外，並無茶葉生產[7]。就茶的品質而言，北部丘陵所產之茶，以大

---

1 臺灣總督府民政局殖產部，《臺灣產業調查表》（東京：金城書院，1896[明治29]），頁4；Bureau of Productive Industries, *Formosa Oolong Tea* (Taihoku: 1904), 未標頁數；臺銀金融研究室，《臺灣之茶》（臺銀特產叢刊第3種。臺北：臺銀，民國38年），頁23。

2 黃叔璥，《臺海使槎錄》（1736年刊。臺銀文叢第4種。臺北：臺銀，民國46年），頁62。

3 連雅堂，《臺灣通史》（臺北：古亭書屋影印本，民國62年），頁735。

4 J. W. Davidson, *The Island of Formosa：Past and Present*（Taipei: 1903），蔡啟恆譯，《臺灣之過去與現在》（研叢第107種。臺北：臺銀，民國61年），頁261。

5 《海關報告》，1878，淡水部分，p.211.

6 同上。

7 《海關報告》，1875，打狗部分，p.225記載：南部雖不宜種茶，但山地亦多野生茶樹，由客家、平埔番採摘，日曬之後供應島內消費，

崁溪、新店溪沿岸者品質最佳。淡水河以南、基隆河沿岸者品質次之。臺北至新竹間較近海岸地區及中部地區者品質最劣[8]。就種茶戶數而言，則以深坑、石碇為最多，其次為桃園、新竹地區，苗栗以南、三貂嶺以東則漸少（見表3.1）。

表3.1　1900年重要茶產地粗製茶製造戶數別

總數：20,129戶

1000戶以上	500~1000戶	100~500戶	100戶以下
深坑　　3,176	芝蘭三堡　893	擺接　　　448	臺北：芝蘭二堡
石碇　　3,608	金包里　　542	芝蘭一堡　318	宜蘭：頭圍、四圍、紅水溝
八里坌　2,420		基隆　　　365	利澤簡
桃澗　　2,380		大加納　　202	苗栗：苗栗二堡、苗栗三堡
竹北二堡 1,661		苗栗一堡　164	臺中：揀東上堡、大肚上堡
竹北一堡 1,330		竹南一堡　137	彰化：東螺東堡
三貂堡　1,150			南投：沙連下堡
			斗六：沙連
			嘉義：打貓東頂

資料來源：《舊慣會經資報告》，上卷，頁60-62。
註：每個地區行政區劃均為堡。

二、甘蔗

甘蔗是熱帶及亞熱帶作物，蔗園土壤地形以「沙土相兼，高

（接前頁）

　　有時生番亦由內山帶下，當漢番交易之用。重要的野生茶產地有：大山母、蕃薯寮、加蚋埔、火燒嶼、林圯埔（今竹山）、六古里（或今六股）。後兩者且有少量的茶出口，但在出口最多的1875年，也不過是67.95擔，比起北部臺灣出口幾千、幾萬擔，南部臺灣的產茶量仍然很小。

8　《臺灣產業調查表》，頁2-3；《舊慣會經資報告》，上卷，頁56-57。

下適中」爲宜[9]。臺灣雖處處都有蔗田,但因中南部地形較爲平坦,土壤含沙質較多,故以中南部爲主要產區[10]。中南部雖均宜於種蔗,但蔗園大抵分布在濁水溪以南。因濁水溪以北雨量較爲豐富,灌溉較爲便利,適於需水較蔗爲多的水稻種植[11]。南部糖產區,清人習慣劃分爲「臺灣府產區」及「打狗產區」。臺灣府產區北至北港,南至安平;打狗產區北自茄定港,南至琅𤩝(見圖3.2)。

18世紀時,政府抽蔗車稅所留下蔗車數資料,仍以臺灣府居多(見表3.2),故知17至18世紀間,臺灣的糖產地以臺南平原爲主。但到1860年以後,打狗產區產糖量則多於臺灣府產區。如1879年時,全臺糖產量共84萬擔,其中打狗區產53萬擔,臺灣府區產31萬擔(見圖3.2)。

表3.2 1871年以前臺灣各地蔗車數比較

時間	臺灣府	臺灣縣	鳳山縣	諸羅縣	彰化縣	淡水廳	資料來源
1713以前	75	44	9	22	(仍包括在諸羅縣中)		《臺灣府志》(1696),臺銀文叢本,頁138。
1713	99	45	29	25			《臺灣府志》(1696),臺銀文叢本,頁138。
1764	349.5	49	100.5	155	62.5	2	《續修臺灣府志》(1764),臺銀文叢本,頁277-282。
1871	—	—	—	—	—	26.5	《淡水廳志》(1871)臺銀文叢本,頁101。

9　黃叔璥,《臺海使槎錄》,頁56-57。
10　Davidson [1903]蔡譯,頁307。
11　《舊慣會經資報告》,上卷,頁135。

圖3.2　臺灣之重要糖產區及其1879年之糖產量

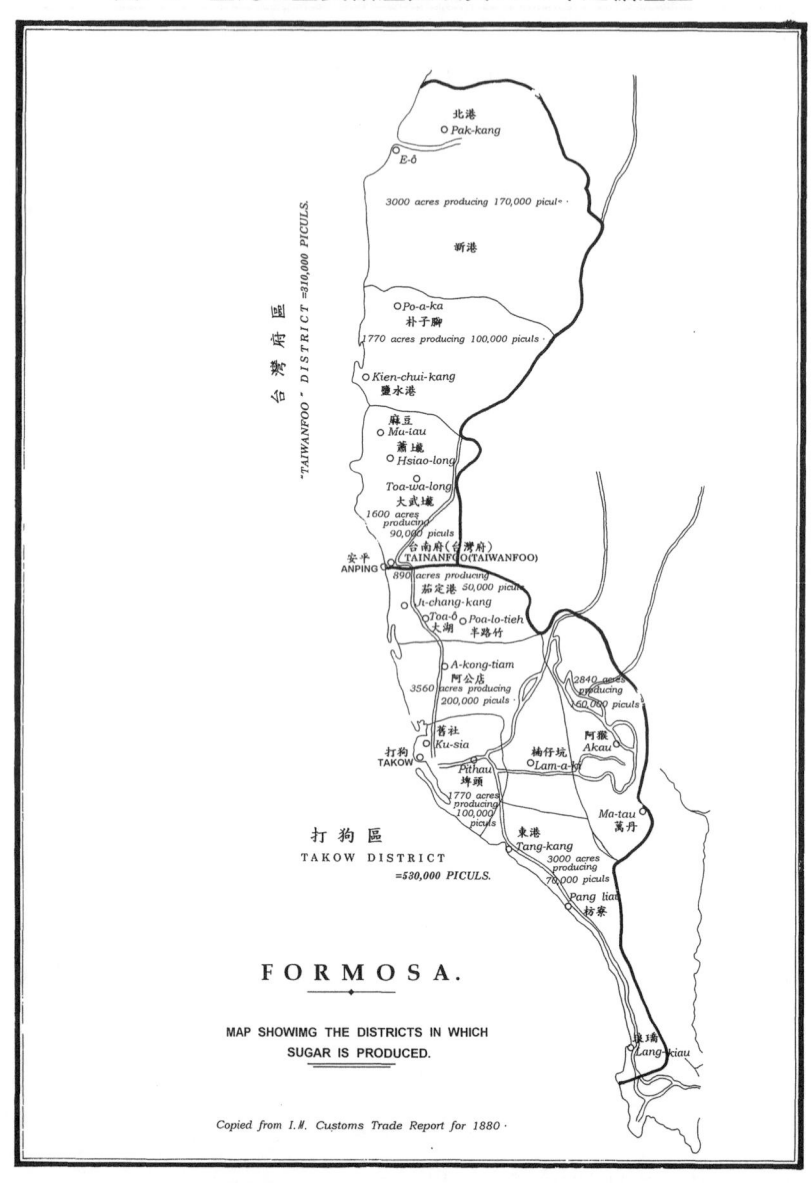

FORMOSA.

MAP SHOWIMG THE DISTRICTS IN WHICH
SUGAR IS PRODUCED.

Copied from I.M. Customs Trade Report for 1880.

資料來源：1880打狗海關報告。
　　註：1.中文地名作者自譯
　　　　2.此圖雖附於1880年打狗海關報告，圖中產量則屬1879年資料。

1890年駐在臺南的英國領事也報告說：「1865至1890年間臺灣南部的糖輸出，打狗多於安平」[12]。可見清末臺灣的糖產區曾由臺南平原逐漸南移至下淡水溪平原。

三、樟林

樟腦採自樟樹。樟樹是亞熱帶林產，需較多的雨量及氧氣[13]。臺灣是世界上天然樟林的主要分布地區，其分布雖遍及臺灣，但以中北部居多，向南漸少，北緯22度以南者鮮有經濟價值[14]。清初臺灣中北部的樟林分布範圍且由山地遍及平原[15]，故砍下樟樹、種下水稻是中北部平原開墾初期常有的景觀。樟腦業也因此常是中北部墾業的前鋒，也就是說中北部開發的止境，常是樟腦業發展的所在。雍乾年間，中北部平原大規模開發，樟腦業發展情形亦由康熙56(1717)年《諸羅縣志》所描述之「北路樟甚多，但少製煉者」[16]，轉為乾隆29(1764)年余文儀《臺灣府志》所描述之「樟腦，北路甚多」[17]。

12　《領事報告》，vol. 17, p.138, 1890，臺南部分。

13　桃園廳，《桃園廳志》（1906[明治39年]），頁142。

14　Davidson [1903]蔡譯，頁282。

15　C. A. Mitchell, *Camphor in Japan and in Formosa*(London: Chiswick Press for Private Circulation, 1900), p.39.

16　Mitchell [1900], p. 35; Davidson [1903]蔡譯，頁271；吉田道定，《中和庄誌》（1934[昭和9年]），頁13-17有幾則佃批均有「自出資本前去砍伐樹木，耕墾所種稻粟照壹玖伍鄉例，聽業主抽的。」又該志頁7謂，該庄開發時，砍伐樹木以樟樹為多。

17　伊能嘉矩，《臺灣文化志》（1928[昭和3年]成書。東京：刀江書院，1951[昭和40年]），頁686。

中北部開發至嘉慶、道光年間已迫近山區，產腦地亦由平原轉往山區[18]。如《新竹廳志》記載「轄區新埔、大湖、犁頭山、九芎林、樹杞林(今竹東)、月眉、新城、北埔、斗換坪、三灣所屬諸山之樟樹，自嘉慶、道光年間已著手開採，越採越進入內山，到咸豐年間，惟有這些地區的極內山處才有樟林」[19]。因此1860年以後，製腦地都分布在漢「番」交界的內山[20]。

1860年以後，主要樟腦產地的轉移可由其重要集散地之轉移推知。1863年時集散地有艋舺、大甲、竹塹、後壠，其中艋舺、大甲年產12,000至13,000擔，竹塹、後壠年產1,000至2,000擔[21]，故以大嵙崁溪、大甲溪、鳳山溪、後壠溪流域之內山為主要產地。1872年以後，因外人至大嵙崁(今大溪)、三角湧(三峽)、咸菜甕(今關西)一帶大量採買樟腦，三地轉為全臺最主要的樟腦集散中心，年產分別為7,200擔、2,400擔、3,600擔，共13,200擔，而該年臺灣樟腦出口10,281擔，可見臺灣出口之樟腦主要由此三地供應[22]。1872年以後，咸菜甕轉為茶產地，製腦地位較為沒落[23]；但大嵙崁、三角湧直至臺灣割日前夕，仍為重要樟腦產地。不過因兩地樟木開採愈來愈深入內山(圖3.3)，漢「番」衝突日趨激烈，反造成漢「番」

18　伊能嘉矩，《臺灣文化志》，頁686。
19　波越子肅，《新竹廳志》(臺北：臺灣日日新報社，1907[明治41年])，頁500。
20　Davidson [1903]蔡譯，頁276；Mitchell [1900], p.38.
21　連雅堂，《臺灣通史》(臺北：古亭書屋影印本，民國62年)，頁505。
22　《領事報告》，vol. 10, p. 508, 1872，淡水部分。
23　《臺灣產業調查表》，頁2-3，咸菜甕為重要茶產地。

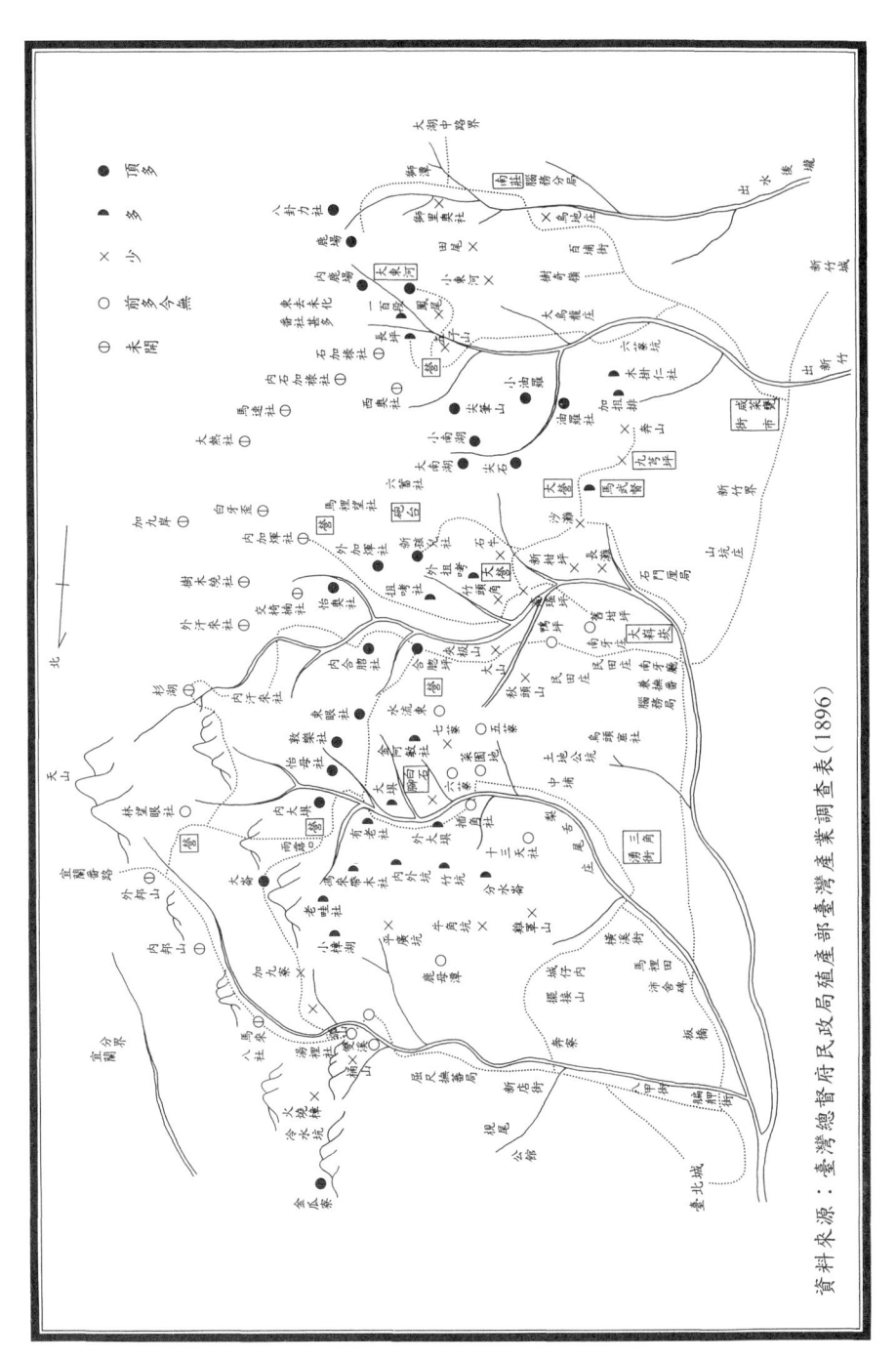

圖3.3 1896年桃竹苗一帶樟腦開採狀況圖

資料來源：臺灣總督府民政局殖產部臺灣產業調查表（1896）

衝突較少的中部地區製腦地位崛起[24]。1887年劉銘傳於大嵙崁設北路之腦務總局，三角湧、雙溪、新竹為其支局；中路於彰化設總局，罩蘭、南庄、集集、埔里為其支局。1890年，大嵙崁日產2,500擔，雙溪400擔，新竹400擔、中路產量合計達5,700擔[25]。1893年，雲林所屬之集集、斗六地區，製腦地增闢日多，《雲林縣採訪冊》說「各山皆有熬腦寮灶」[26]。嘉義也於1894年闢有安大埔（Antoap音譯）、樟林坪（Chang Lin Ping音譯）兩製腦地[27]。臺灣割日前夕樟腦產地的南界亦至於此。

1887年（光緒13年），南部雖有恆春設腦務局獎勵熬腦，但因含腦量少，據1893年駐臺南的英國領事報告說：「經調查發現南部樟樹不適於製腦」[28]。

至於清末臺灣腦業分布的東北止境則為宜蘭。宜蘭地區於嘉、道年間開發時，腦業已漸發達，1823年（道光三年）主辦腦業之軍工料館匠首與小料匠且因爭樟腦之利在此發生較大型的衝突[29]。因此，1860至1895年間，宜蘭亦是一重要樟腦集散地[30]。至於宜蘭以南的花蓮、

24　《海關報告》，1893，淡水部分，p.352；《桃園廳志》(1906)，頁145-146。
25　波越子肅，《新竹廳志》，頁503。
26　《領事報告》，vol. 18, p.403, 1893，臺灣部分；倪贊元，《雲林縣採訪冊》（光緒20[1894]年刊，文叢第37種。臺北：臺銀，民國48年），頁147。
27　《海關報告》，1894，臺南部分，pp.16-17。
28　《領事報告》，vol. 18, p.403。
29　林泳春之亂一案詳見：陳淑均，《噶瑪蘭廳志》（咸豐2[1852]年刊，文叢第160種。臺北：臺銀，民國52年）。
30　臺銀金融研究室，《臺灣之樟腦》（特叢第10種。臺北：臺銀，民國41年），頁26。

臺東地區，雖亦有樟腦蘊藏，但至清末仍未開採[31]。

四、小結

1.由於水稻宜長於雨量較多、灌溉較為便利的中北部平原；茶宜長於中北部多雨且排水良好的丘陵；樟林原以副熱帶的中北部為多，1860年以後又只分布於中北部深山；甘蔗宜長於溫度較高、沙土較多的南部平原，因此清末臺灣的四大作物彼此各分畛域（如圖3.1）。在圖3.1之中，茶與樟腦的分布略有重疊，是因若干地區，早期乃樟腦產地，樟木砍伐以後轉為茶產地[32]。因清末臺灣腦業只從事天然樟林的開採，未施人工栽植，故只能說腦業為茶園先作了清除山林的工作，不能說是茶園佔用了腦業的產地。1860年以後，由於市場對茶、糖需要的增加，雖有一些梯田上或沼澤區的稻田改成茶園或蔗園，但被取代的地區原多不是合適的稻作區[33]。故清末三大經濟作物的發展不但彼此無顯著的爭地現象，亦未顯著減少糧食作物的種植面積。

2.以茶、糖、樟腦、米的分布面積比較，茶最為小。據《淡水海關十年報告》記載，茶園面積僅蔗園之1/6。另據《舊慣調查會報告》記載，茶園面積僅田園之3/10。茶園面積雖小於米、蔗及樟腦的分布面積，但根據海關資料，茶的出口值超過糖和樟腦[34]。而

31　Mitchell [1900]謂當時在臺經營腦業之公泰洋行曾派人至臺東調查，發現該地有很多樟樹仍未開採。

32　Davidson [1903]蔡譯，頁271；Mitchell [1900], p.35.

33　《海關報告》，1868，打狗部分，p.77；Davidson [1903]蔡譯，頁260。

34　謙祥譯，〈1882-1891年臺灣淡水海關報告書〉，《臺灣銀行季刊》，第9卷，第1期，頁149-171；《舊慣會經資報告》，上卷，頁313。

且茶主要分布的中北部丘陵臺地，在嘉、道年間雖已開發，但只能用來種植蕃薯、靛藍等經濟價值不大的作物[35]。清末這些丘陵地種了全臺最主要的出口品，固然會有水土保持方面的問題，但卻為清末臺灣掙取了大量外匯。此外，由1860至1895年間樟腦業之由中北部的外山往內山拓展，糖業生產重心之由臺南平原移向下淡水溪平原，亦可看出清末臺灣往邊區開發的動向。

第二節　生產技術

茶、糖、樟腦均為農產加工品，其生產技術都可分成耕作（或採伐）及加工兩部分。

一、耕作

（一）茶

種茶之前，需先整地，燒掉長草、叢林，再拿耙器將土耙鬆，這種工作多半利用冬天閒暇時進行。整地之後，先種一季靛藍或蕃薯，過後才開始種茶。大陸種茶多用播種，臺灣則分壓條與播種兩種，而以壓條為主[36]。壓條是將茶樹的樹枝壓到地上，用土覆蓋樹枝，通常是在陰曆一、二月時壓下，該年年底或次年一月時將土覆蓋部分切斷，土裏已有細細的根，這一分出的部分即為茶苗，通常一棵茶樹可分出4至5株茶苗。若為播種則直接將種子播入土中，每欉四、五粒。不管是茶苗或種子，均於陰曆年初種下，

35　《領事報告》，vol. 11, p.160, 1873，淡水部分。
36　《海關報告》，1881，淡水部分，pp.26-27.

三年之後始有收穫，第四年以後收穫漸多[37]。

臺灣栽種的茶樹種類繁多，但以青心、紅心、白心為主，其中尤以青心最佳，葉小而薄，枝細，其所製之茶，香味最濃[38]。

茶樹栽種成列，每列中隔2至3尺，所種行列通常是與山坡垂直，以利於吸取水分。臺灣種茶與大陸不同的是無需灌溉；另外，大陸種茶需要施肥，臺灣土地較為肥沃，無需施肥，施肥反易使茶葉變味[39]。雖無需施肥、灌溉，但茶種下三年之內需要除草，一年四次。一棵茶樹約有20年的生長年限，第四年以後是否除草，視茶農勤惰而定。茶樹生長過密，亦需剪去一些茶枝；但是第三年以後，大抵無需任何照料即可收成[40]。

在此生長年限之內，因臺灣氣候溫暖，雨水充足，故每年摘茶次數多，期間長。在大陸，如寧波茶一年可摘三回，天臺茶一年可摘一回，而臺灣一年可摘七回。摘茶期間則由農曆清明前夕至10月中旬，共達6至7個月[41]。

每年所摘茶，3至4月者稱春茶，4至6月者稱夏茶，7至9月者稱秋茶，9月下旬至10月者稱冬茶，其中以夏茶品質最好，售價最高。至於採摘數量，春茶約佔一年總收穫量之4至5成，夏茶3成，秋茶2成，冬茶1成以內。事實上冬茶多半不摘[42]。

37　《臺灣產業調查表》，頁4-5；Davidson [1903]蔡譯，頁263。
38　《臺灣產業調查表》，頁7-8。
39　《海關報告》，1881，淡水部分，pp.26-27.
40　Davidson [1903]蔡譯，頁263。
41　《臺灣產業調查表》，頁6。
42　《海關報告》，1881，淡水部分，pp.26-27；臺灣銀行經濟研究室，《臺灣之茶》(特叢第3種。臺北：臺銀，民國38年)，頁3。

圖3.4　臺灣的茶枝壓條法

資料來源：臺北帝國大學理農學部，農業經濟教室技手藤江勝太郎報告，《臺北外二縣下茶葉》(明治30年)，未標頁數。

第三章　茶、糖、樟腦之生產分析 ・71・

圖3.5　長出根來的茶枝

資料來源：臺北帝國大學理農學部，農業經濟教室技手藤江勝太郎報告，《臺北外二縣下茶葉》(明治30年)，未標頁數。

（二）甘蔗

甘蔗種下前亦需整地，用牛犁田，拿鐵耙將土塊敲碎。清末臺灣所栽的蔗種，均是竹蔗。這種蔗種在鄭領時期(1624-1661年)已由福州引進，因抗旱力強，少病蟲害，產糖量高，又無新品種引進，故一直沿用至日據時期之1907年才由夏威夷引進新蔗種[43]。

臺灣種蔗，三年種一次，採插枝法。即將舊枝砍成幾段，浸水20天，等冒出芽後，即拿出來一排一排斜插在土中[44]。約陰曆5至6月種下，第二年的1月、第二年的12月、第三年的11月，共有三次採收[45]，製糖季節也因而在冬至至清明期間[46]。

頭兩次採收甘蔗時，只折其莖；第三次採收時則連根拔起，曝曬後焚燒，灰燼當肥料用。過後，先種一季蕃薯，再緊接著種下一季甘蔗[47]。據1736年刊印的《臺海使槎錄》記載：「每園四甲，現插蔗二甲，留空二甲，遞年更易栽種」[48]，故18世紀時臺灣種蔗似乎仍有輪耕的現象。但在開港之後，蔗園的利用則更緊湊，如1887年的《打狗海關報告》說：「此區每樣作物收成之後必馬上種下一期作物」[49]。

43　《領事報告》，vol. 15, pp.663-665, 1886部分；vol. 17, p.147, 1890部分；Davidson [1903]蔡譯，頁314。

44　《領事報告》，vol. 17, p.150, 1890部分。

45　黃叔璥，《臺海使槎錄》，頁56。

46　連雅堂，《臺灣通史》，頁732。

47　黃叔璥，《臺海使槎錄》，頁56。

48　同上，頁57。

49　《海關報告》，1887，打狗部分，p.277。

土地利用的緊湊原是一種集約（intensive）的現象，但除此之外，清末臺灣蔗園的耕作仍極粗放（extensive）。在中國大陸或世界其他各地種蔗，因蔗園極易消耗地利，均需施肥，但在臺灣，除初插枝時放點肥料之外，便不再施放如豆餅之類當時中國所慣用的肥料[50]。臺灣係新開發地區，土地較為肥沃，是不需多加施肥的主要原因。此外，臺灣的蔗農也很少灌溉蔗田。1891年臺南的《英國領事報告》所附當時在臺海關職員買威令的報告說：「蔗田的灌溉全被疏忽了，我們常常看到即將收割的甘蔗因乾旱而減少收成，而這種所謂的『乾旱』常是稍加灌溉就可以防範得了的。」[51]探究其不灌溉的原因有二：1.因南部利於灌溉地區多種水稻，種蔗區常是不利灌溉的土地，蔗田的灌溉工作實有其困難之處；2.在新開發的土地上採取少用勞力及資本（如肥料）、多用土地的粗放耕作，可能是經濟的。

但也由於蔗農對施肥、灌溉的疏忽，臺灣的竹蔗長得非常瘦小，周長平均約1吋至1又3/4吋[52]。每甲蔗園之糖產量自18世紀初至20世紀初，亦大抵未變[53]。每甲約可收850至1020擔的甘蔗，甘蔗製糖率約為7.5%，故每甲每年產糖量約為60至70擔；若製白糖，則比率更小，僅約20至30擔[54]。

50　《海關報告》，1878，打狗部分，p.23；《領事報告》，vol. 17, p.150。
51　《領事報告》，vol. 17, p.150，1890部分。
52　《領事報告》，vol. 17, p.150，1890部分。
53　Ramon H. Myers, "Taiwan Under Ch'ing Imperial Rule, 1684-1895：The Traditional Economy," *Journal of the Institute of Chinese Studies of the University of Hong Kong*, vol. V, no. 2(1972).
54　《舊慣會經資報告》，上卷，頁150；盧守耕，〈臺灣之糖業及其研

(三)樟腦

臺灣樟樹的栽植,雖至日據臺灣時期始盛,但在1860至1895年間,外國人已屢次提倡補植,也就是在砍下天然樟樹的地區,種下新的樟樹。不過因樟樹種下之後需40至50年方能採收,所以清末臺灣的人民及政府均未做過這種長期投資[55]。因此,論1860至1895年間的臺灣腦業,實無耕作技術可言,只能簡述其採伐樟木之技術。

砍伐樟木之前需鑑定其含腦量之多寡,通常樟木是由根向上算起10英尺高度以內的部分含腦較多,在此高度以上及樹枝部分含腦較少;樹齡在40至50年以上者含腦較多;冬季含腦量較多;樟樹種類,芳樟含腦多,臭樟含腦少[56]。腦丁在選定含腦量較多的樟樹後,並不是將整棵樹砍下熬腦,而是爬到樹上去,用刮刀將含腦多的部分刮下,其餘含腦較少的部分則任其腐爛[57]。這種採伐樟樹的方法,一則極為危險,常有腦丁在刮掉含腦較多的樟木時,因整棵樟樹傾倒而摔死;一則極不經濟,造成自然資源的浪費。

(接前頁)

究〉《臺灣之糖》,頁1-23;連雅堂,《臺灣通史》,頁732;Ramon H. Myers, "Taiwan Under Ch'ing Imperial Rule, 1684-1895: The Traditional Economy," *Journal of the Institute of Chinese Studies of the University of Hong Kong*, vol. V, no. 2(1972).

55　《臺灣產業調查表》,頁153。
56　《領事報告》,vol. 17, p.143, 1890,臺南部分;Davidson [1903]蔡譯,頁292;《桃園廳志》,頁145;連雅堂,《臺灣通史》,頁575。
57　《海關報告》,1868,淡水部分,p.163;《領事報告》,vol. 17, p.143, 1890,臺南部分。

二、加工

(一)茶

　　茶葉是由茶的嫩芽製成的，其加工分粗製與再製兩個步驟。粗製在山上的茶農或「做茶」（臺語發音，意即製茶者）家中進行；再製則在大稻埕的茶行完成。粗製的目的，在使茶葉發酵而帶有香氣，使之乾燥以利保存。再製，除進一步的發酵與乾燥之外，並混製成各種茶，如烏龍茶、包種茶等。

　　茶葉由摘採至粗製，其所用器具，除鍋和帆布等之外，多為竹製，主要包括大小不同的篩、圓盤及焙籠、籮筐等（見圖3.6）。

　　茶葉採回以後，茶農或「做茶」即開始粗製，其步驟分曬、翻、炒、揉、烘、篩六階段：

　　曬：將生葉薄薄地鋪在一張帆布（見圖3.6-3）上，曝曬約20至30分鐘，再倒入竹製中型圓盤中，此圓盤直徑約3尺5寸，容量約15斤（見圖3.6-4），然後將圓盤端入一間搭有許多木架的房間（見圖3.7）擱著。

　　翻：茶葉置於木架約30分鐘後，即將兩個中型圓盤的茶倒入一個約7尺直徑的大型圓盤中，此圓盤放在一木臺上，由7、8個男人圍著翻動茶葉（見圖3.8），翻約15至20分鐘後，再將茶倒回中型圓盤中，並擱回木架上。此動作反覆4次後，茶葉即由綠色轉為褐色，並有香氣飄出。

　　炒：茶翻動後，放入鍋中炒。炒茶的鍋，口大肚小，口徑1尺7寸，容量2斤餘（見圖3.6-7）。兩個人用手反覆炒茶，火不能斷，至茶葉爛柔時，移到另一鍋再炒，兩鍋共炒約20分鐘。

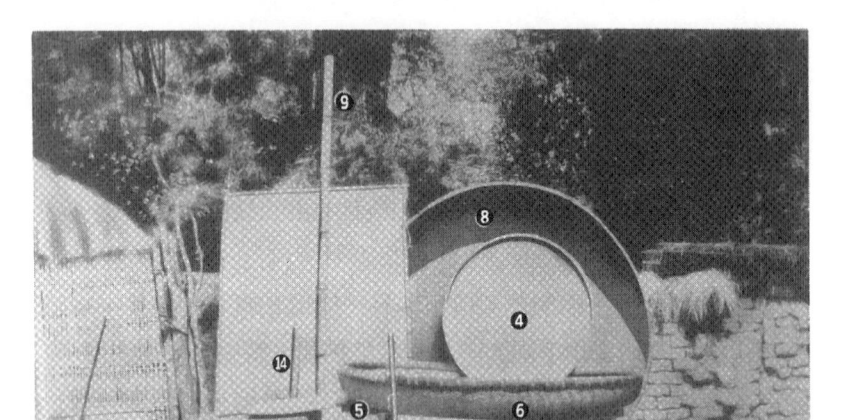

圖3.6　茶粗製時所用器具

資料來源：Bureau of Productive Industries, *Formosa Oolong Tea* (Taihoku, 1904)，未標頁數。

　　揉：炒完的茶倒在一張蓆子上，由兩個揉手搓揉，使茶葉捲起，揉完後再炒一遍，炒的時間較短。

　　烘：茶揉完、炒完即拿入烘焙室，放焙籠中，焙籠高1尺7寸，口徑2尺3寸，容量約4至5斤，中央箝一內篩（見圖3.6-11）。焙籠放火爐上，距離爐中的炭火約1尺，炭火蓋上了灰，所以不會冒煙，

也不會燒成大火,在火上烘約1至2小時,要翻2至3次,使每片茶葉均能烘到。

圖3.7　茶再製時的烘焙室

資料來源:Bureau of Productive Industries, *Formosa Oolong Tea*（Taihoku, 1904）,未標頁數。

篩:烘完的茶葉,用篩（見圖3.6-10）分成大葉、小葉、茶屑,再放回焙爐烘,烘完再揉,揉時邊將好茶、劣茶以各種比例混合。如此粗製工作即告完成,一共需時約6至8小時。粗製茶每60斤分

圖3.8　翻茶

資料來源：Bureau of Productive Industries, *Formosa Oolong Tea*（Taihoku, 1904），未標頁數。

裝一袋，運至大稻埕，因以袋裝，故又稱「袋茶」[58]。

以上全部粗製工作全用手工。這種技術只要幾年就可學成，但巧拙有別。如曬茶時，每隔5至7分鐘須翻一次，使每片茶葉均能曬到太陽而發酵；炒茶時間過短，茶葉會有草臭，過久，香氣又會走失，同時也要使每片茶葉均接觸到爐面；搓揉不夠，茶葉

---

58 茶葉再製法見《領事報告》，vol. 10, p.510, 1872，淡水部分；*Formosa Oolong Tea*(1904)，未標頁數；《臺灣產業調查表》，頁10-14；Davidson [1903]蔡譯，頁263。

不會捲起,也影響到香氣;烘得太久或火力不夠會發生惡臭,烘的時間過短,不僅不香且會留下濕氣,導致變質[59]。

粗製完成後,茶葉的乾燥程度,若只運到大稻埕或廈門則可保持不壞;若運到美國,則恐變味,因此茶運到大稻埕之後需再加工一次。

在1865年以前,臺灣茶葉粗製完成後,即直接出口。1868年始有外人引進茶葉再製方法。再製地點先是在艋舺,因艋舺地方人士反對外人在該地設行,1870年前後即將茶葉再製地點移至大稻埕[60]。

茶因再製方法不同而分成綠茶、包種茶、烏龍茶、紅茶四種。綠茶全不發酵,茶汁淡綠黃色;包種茶,稍微發酵,茶汁淡褐黃色,較近綠茶;烏龍茶稍多發酵,茶汁橙色,較近紅茶;紅茶發酵最多,茶汁紅色。臺灣一直不生產綠茶,紅茶要到1928年以後才生產,因此,1860至1895年間,臺灣所生產的茶只有烏龍與包種兩種,且以烏龍茶為主[61]。烏龍與包種,在粗製階段製法均同,只再製時稍異。其差異的關鍵除發酵程度不同外,最主要的是後者薰花,前者不薰花。

烏龍茶再製的重點是加烘,而使茶葉更為乾燥;其次是篩和揀以便分出各種品級的茶。

加烘是在一個約有50至100個爐的烘焙室(見圖3.7)中進行。烘

---

59 《臺灣產業調查表》,頁10-14;*Formosa Oolong Tea*(1904),未標頁數。

60 《領事報告》,vol. 10, p. 510, 1872,淡水部分。

61 《臺灣之茶》,頁2,27。

焙時,將50至70斤的木炭放在爐中燃燒約12至15小時;煙熄後,即覆上一層灰,如此,熱度可維持7至10天。然後,在焙籠(見圖3.6-1)中放入7斤重的茶。烘焙時,焙籠中頂部茶的溫度華氏180度,底部茶為212度,如此烘7至8小時後,焙籠中茶葉的溼氣即全部蒸發,粗製時原已減輕了75%重的茶葉,此時再減10%至15%的重量。

  在烘焙前後均需用大小不同的笞(竹製,狀似龜甲,且有大小)篩,通常是越好的茶所用的笞目越小。篩及揀的目的在將茶梗、茶屑分出,也分出各種品級的茶。但如此分出的品級,並不是市面上茶的品級,市面上茶的品級有八級:極品(Choicest暫譯,以下同)→精選(Choice)→優(Finest)→佳(Fine)→良(Superior)→好(Good)→可(Fair)→常(Common)。這八級的茶是由各種好茶、劣茶以不同比例混合而成,好茶成分越多,品級與價格均較高,但不可能全由好茶製成,因成本過高。

  將好茶、劣茶混合成各級的茶時,或再製茶商向粗製茶業者買茶時,均需鑑定茶的好壞。茶的鑑定關係茶價,故需經驗豐富的專家從事。

  茶鑑定、混合成各等級的茶以後,即分別裝箱。箱分大小兩種,大者裝約33斤,稱半箱(half-chest);小者裝約15斤,稱小盒(box)。箱子本身的重量,半箱10.5斤,小盒6斤。茶裝箱運出以前,箱上還須畫花、鳥、商標(見圖3.9)。也因再製的烏龍茶用箱子包裝,故亦稱「箱茶」。

圖3.9 茶箱上的花紋商標

資料來源：Bureau of Productive Industries, *Formosa Oolong Tea* (Taihoku, 1904)，未標頁數。

　　以上乃烏龍茶之再製法，至於包種茶的再製，除了與烏龍茶一樣，要用大小不同的笞篩出好壞不同的茶之外，最主要的不同是放入焙籠以前要加花，所加的花有黃枝花、秀英花、茉莉花、朱蘭花等種。茶以花名，如加黃枝花即稱黃枝花茶。這四種花中，黃枝花的價格最爲低廉，1元可買16斤，其他分別可買2斤、3.5斤、4斤，故以黃枝花最常加用。

將粗製茶100斤加黃枝花50斤,或秀英花30斤,或茉莉花40斤,或朱蘭花50斤為「元茶」。元茶拿到焙籠加烘之後,並不即是包種茶,還須將花拿出,拿出花以後的茶叫「花香茶」。將花香茶30斤加烏龍茶70斤混合成的100斤茶才是包種茶。其出口以紙包,再裝箱。每紙包1兩、2兩、4兩不等,1兩者40包1箱,8箱合1大箱;2兩者40包1箱,4箱合1大箱;4兩者,84包一大箱[62]。

以臺茶之耕作、加工與世界其他產茶區比較,臺茶耕作面積平均僅一甲,不若印度、錫蘭之大規模經營,採摘時亦較粗心。加工時與大陸製茶一樣,摻雜現象較錫蘭、印度嚴重;這種現象在1875年以前外商壟斷臺茶貿易時較不明顯,1875年以後因華人茶商大量參與,摻雜始多[63]。所謂摻雜是將劣茶、茶梗、破葉、茶屑混入茶中,這些劣茶或由大陸用民帆載入,或由本地買進[64]。臺灣與廈門地區的官吏及在臺灣的外國人均曾嘗試改善臺灣的種茶及製茶法,但一則因市場對臺灣的需要日增,使業者不必也來不及改進;一則因新引進種茶、製茶法均仿自印度、錫蘭,業者恐怕採用印度、錫蘭製法所製的茶,不能保持其原來的特殊香味,故未採行[65]。

---

62 臺茶再製鑑定、包裝見《臺灣產業調查表》,頁14-26,315;*Formosa Oolong Tea*(1904),未標頁數。

63 《海關報告》,1878,淡水部分,p.212;1890,淡水部分,p.310.

64 《領事報告》,vol. 14, p.125, 1881,淡水部分;《海關報告》,1874,淡水部分;Davidson [1903]蔡譯,頁261。

65 《領事報告》,vol. 16, p.429, 1888,淡水部分;1877, vol. 12, p.368, 淡水部分;1881,vol. 14, p.125, 淡水部分。Robert Gardella, *Harvesting Mountains: Fujian and the China Tea Trade, 1757-1937*, Ch.4, "The Challenge of Colonial Captialism"(Berkeley: University of California

(二) 糖

臺灣製糖技術可以1900年為分水嶺。在1900年以前為舊式糖廍時期；1900年高雄橋仔頭設糖廠之後，漸步入新式工廠時期。本書所探討1860年至1895年間之製糖法屬於舊式糖廍時期[66]。

一個糖廍包括兩部分，一為石磨，一為煮糖室。

石磨的構造如下：兩個直徑25吋、高30吋的花岡岩圓柱並排著，每個圓柱上均有溝漕，溝漕上有硬木齒輪，使左方圓柱的滾動，可以帶動右方圓柱的滾動。每個圓柱中央有木製軸心穿入圓柱下方的花岡岩製或木製底盤，軸心上方則有橫木接著槓桿，槓桿末端接著2-3頭牛的牛軛[67]。

砍下的甘蔗，去葉之後放入兩個圓柱中間。趕牛拉動圓柱，即將甘蔗壓出蔗汁，所壓出的蔗汁，由底盤沿一根竹管流到煮糖室[68]。

煮糖室共有5個鍋。一面將蔗汁依序倒入鍋中煮，一面舀起鍋上的浮渣。前4個鍋灶中，越後面的灶，火力雖不一定較強，但糖漿的溫度越高，直至第4個鍋中已達沸點，就倒入石灰淨化，再放入第5個鍋中冷卻。冷卻時拿木棒攪動，使糖漿均勻；也在此鍋中，糖漿

（接前頁）

Press, 1994) 有華茶與印度錫蘭茶經營方式之詳細比較。

66　孫鐵齋，〈臺灣之糖〉，《臺灣之糖》（臺銀特叢第一種。臺北：臺銀，民國38年），頁24-44。

67　《領事報告》，vol. 17, pp. 150-156, 1890，臺南部分；Davidson [1903] 蔡譯，頁310。

68　《領事報告》，vol. 17, pp. 150-156, 1890，臺南部分；Davidson [1903] 蔡譯，頁310。

結晶爲糖粒。這些糖粒裝進木箱或竹製籖筐以後，即可出口[69]。

以上是清末臺灣赤糖的製造方法。所製赤糖又依顆粒完整的程度、乾淨的程度，分爲上斗、中斗、卡板、漏采等，越是前面的種類，顆粒越完整、越乾淨，價格也越高。這四種赤糖之中，只有漏采不出口，供製白糖之用[70]。

製白糖的廠房不稱「糖廍」，而稱「糖間」。在糖間之內，漏采倒入一個個的陶缸。陶缸底部有一個小孔，孔上塞入了稻草。就臺南地區而言，缸口糊上由臺南運河挖出的濕泥。濕泥的水滴到糖上，洗去了糖蜜，使糖變白。臺南運河的水混了海水，含有鹽的成分，因此可使糖的味道變得特別好[71]。

因爲陶缸中越上層的糖洗得越乾淨，因此一缸漏采也就洗成各種不同顏色的白糖。最上層佔15%，爲「一號」白糖；第二層佔15%，爲「二號」白糖；第三層佔25%，爲「三號」白糖；第四層佔25%，過煮後可得原重量60%的糖，稱「赤糖」，是爲第五種赤糖，供銷售至天津、牛莊之用；其餘20%爲流出的糖蜜，可用來釀酒；酒糟可用來餵豬[72]。

表面上看來，甘蔗由蔗田砍下以後，蔗汁可製成各種不同種類的糖及酒和酒糟等副產品；蔗葉可用來餵拉動石磨的牛，也可

69　《海關報告》，1873，打狗部分，p.111。
70　《領事報告》，vol. 17, pp.150-156, 1890，臺南部分；Davidson[1903] 蔡譯，頁310。
71　《領事報告》，vol. 17, pp.150-156, 1890，臺南部分；Davidson[1903] 蔡譯，頁310。
72　《海關報告》，1882，打狗部分，p.274；《領事報告》，vol. 17, pp.150-156；Davidson [1903]蔡譯，頁310-311。

用來當煮糖的燃料,似乎已充分利用。但清末臺灣蔗糖技術的落後,卻是當時在臺灣的外國人一致的看法。

1876年的《打狗海關報告》說,位於西印度群島以產糖為主的巴爾巴多(Barbadoes),蔗田面積僅105,000畝,為臺灣之半,又較臺灣缺乏天然良港,但其蔗糖出口值為臺灣之兩倍[73]。

1890年臺南的《英國領事報告》所附買威令報告亦指出,搭建一個舊式石磨至少要283元的成本;而當時歐美壓甜菜或歐美殖民地壓蔗所用的鐵磨,單管道(插蔗的管道只有一個)75元;雙管道100元,均較石磨便宜。石磨壓蔗時,因木頭零件經常磨損,效率很低,100磅甘蔗壓3次才壓出50磅蔗汁,而西式鐵磨壓一次就壓出68磅。即使將石磨壓的次數較多置之不論,就鐵磨每100磅甘蔗可多壓出18磅蔗汁來,亦為石磨所壓出50磅蔗汁的1/3。而石磨少壓出的1/3蔗汁,都留在蔗渣中,當燃料燒了。也就是說,以鐵磨壓蔗較石磨壓蔗,將使臺灣每年的糖出口量至少可多出1/3來[74]。

據《海關報告》、《英國領事報告》記載,這種鐵磨1870年時已引進臺灣,外國人並實驗其效果給業者看。但在1870至1895年間,只有距離臺南約8里之處,有一位擁有廣闊蔗田的武官,在1893年引用了歐洲式鐵磨,效果也很好[75]。除此之外,清末在臺的外國人都說:「臺灣已有新式鐵磨引進,但因此地人的保守、謹

---

73 《海關報告》,1876,打狗部分,pp.101-102.
74 《領事報告》,vol. 17, pp.150-156, 1890,臺南部分;Davidson [1903] 蔡譯,頁310。
75 《海關報告》,1870,打狗部分,p.80;《領事報告》,vol. 18, p.402, 1893,臺南部分,此位武官,筆者推測是指麻豆林家。

慎，都未採用。」[76]

經濟學家熊彼德(J. A. Schumpeter)認為新技術採用的充分條件是：新技術的平均總成本小於或等於舊技術的平均變動成本。在此情形下，清末臺灣採用鐵磨碾蔗的充分條件是：

$$\frac{鐵磨成本 + 折舊 + 工資}{產量} \leq \frac{舊石磨設備好以後的使用開支}{產量}$$

據已知的資料鐵磨部分的公式可填成：

$$\frac{87.5 + 折舊(?) + 工資(?)}{68} \cdots\cdots\cdots 公式(1)；$$

石磨部分可填成：

$$\frac{130(每年將石磨重新搭建的費用及木製零件必要換新的費用) + 折舊(?) + 工資(?)}{50}$$
$$\cdots\cdots\cdots 公式(2)\ [77]$$

折舊、工資資料雖然缺乏，但我們可以就常識判斷鐵磨耗損率不會大於石磨；而如前述鐵磨壓100磅甘蔗壓一次得68磅蔗汁，石磨壓3次，得50磅蔗汁；再據1886年駐臺南的英國領事報告說：「南部未引用新式鐵磨，是恐造成舊式石磨從業人員的失業」[78]，

---

76 《海關報告》，1877，淡水部分，p.165；《海關報告》，1880，打狗部分，p.203。

77 J. A. Schumpeter, *Capitalism, Socialism and Democracy* (London: Allen & Unwin, 1943). 每年重新搭建石磨的成本見《領事報告》，vol. 17, pp.150-156.

78 《領事報告》，vol. 15, p.664, 1886，臺灣府部分。

可知鐵磨所需人力必小於石磨,而鐵磨之操作難度又不高於石磨,故可推知鐵磨所需工資少於石磨。

因此,公式(1)之分子必小於公式(2)之分子,而公式(1)之分母又大於公式(2)的分母,也就是說鐵磨買入及使用的平均總成本(average total cost)仍較石磨買入成本不計,只計其使用成本的平均變動成本(average variable cost)為低,所以依照牟利的經濟觀點,清末臺灣應採用鐵磨,其未採用的原因,可推知是非經濟因素居多。就當時人看來,這種非經濟因素包括:

1.民性的念舊:1876年的《打狗海關報告》說:「當外國人將鐵磨的優點呈現在本地人面前時,有些本地人故意將鐵磨拿來隨便用用,然後說鐵磨不好,還是舊式石磨好,他們對舊式製糖法有著一份宗教式的敬意而不忍捨棄。」[79]

2.民性的排外:據1886年駐臺南的英國領事報告說,南部臺灣的人不肯採用西式鐵磨,是「怕外國人因此所獲得的利益較本地人為多」[80]。一般看來,臺灣於1860年開港以來,南部較北部排外[81]。故其不採用西式鐵磨,排外當亦為重要因素。

3.處於順境,不求改進:據1879年的《打狗海關報告》記載:「舊式製糖法浪費至少25%的糖,但新式製糖法不可能引進,因南臺灣貿易前途看好」[82]。1876年的《打狗海關報告》說:「儘管臺

---

79 《海關報告》,1876,打狗部分,pp.101-102.
80 《領事報告》,vol. 15, p.664, 1886,臺灣府部分。
81 由清末南部糖郊對外商之杯葛,北部除艋舺教案以外對外人極為親善可知。南部糖郊事,見於本書產銷組織一章,北部對外人極為親善事見《領事報告》,vol. 12, p.368, 1877,淡水部分。
82 《海關報告》,1879,打狗部分,p.191.

灣糖業有耕作缺乏技術、資金,製糖方法落後,交通不便等限制,但由於資源豐富,去年(1876年)的貿易情況仍讓此地的蔗糖業者覺得一帆風順」[83]。貿易的順利,使南部的糖業業者安於現況。此種貿易的順利,是1885年以前,臺灣蔗糖的歐美澳市場與中國大陸、日本市場並開時的情形,但是即使在1884至1886年間,歐美澳市場相繼關閉以後,由於仍保有中國大陸及日本兩市場,舊式石磨的主人仍可獲取15%的利潤,因此據1888年打狗的英國領事報告說:「他們是最排拒採用新鐵磨的一群。」[84]

　　4.高利貸剝削:至於未擁有舊式石磨的人,多為赤貧的蔗農,由於長期以來,生產受資本家高利貸的剝削,並無改進的能力[85]。

　　由以上分析可知,除了怕採用鐵磨導致失業之外,其他導致清末臺灣糖業拒用新技術的原因,多為非經濟的國民性因素。表面上看來清末臺灣地區人民,在種植經濟作物方面,雖表現得惟利是趨,但在採用新技術方面卻仍極保守。但由中國東北的例子對照思考,1884至1886年以後,臺糖的歐美澳市場為爪哇糖所奪,改進技術的動機不大可能是更深層的因素。東北地方盛產大豆,在其榨豆過程,也有外國的新技術引進,一開始也有類似臺灣排拒新技術的現象,可是隨著德國、日本市場一波一波地開放,東北的榨豆技術不斷攀升[86]。因此,臺糖市場,雖有1880年以前較為

83　《海關報告》,1876,打狗部分,pp.101-102.
84　《領事報告》,vol. 16, p.309.
85　同上,vol. 17, pp.147-148.
86　林滿紅,〈口岸貿易與近代中國——臺灣最近有關研究之回顧〉,《近代中國區域史會議論文集》(中央研究院近代史研究所,民國75年12月),頁903。

順利的時期,但有隨後的市場緊縮,臺糖總出口量稍減,可能是臺灣沒有引進鐵磨的原因。

以上技術引進方面的討論,乃針對清末南部臺灣人民拒絕使用外國壓蔗鐵磨而言,至於當時外國已有的精製糖廠,臺灣也未引進。除了上述因素之外,也因生產的精製糖,不但將與其他地區所生產的精製糖發生競爭,亦非已有的中國大陸及日本兩市場所需[87]。

技術的落後,削減了臺糖的競銷能力。歐美澳市場紛紛關閉以後,臺糖加工常出現了詐欺行為。《臺灣文化志》引述光緒年間的《北郊公約》說:「臺南幾經滄桑,風化愈遷,人心不古,商務弊竇叢生。」常見的詐欺行為是加重糖簍重量,加蕃薯簽於蔗糖之中[88]。這種詐欺、落後的現象與市場範圍的縮小,形成惡性循環,終致南部臺灣的蔗糖業在1886年以降相對沒落。

(三)樟腦

中國在13世紀時已有樟腦製造,製造地點以漳州、韶州為主。其製法一為「煎腦法」,即:「用樟木新者切片,以井水浸三日三夜,入鍋煎之,柳木頻攪,待汁減半,柳上有白霜,即濾其滓,傾入瓦盆內,經宿自然結成塊也」;一為煉腦法[89]。臺灣製腦法傳自福建,但據1890年駐臺南的英國領事報告,煎腦法因樹枝所能留下的樟腦太少,故當時臺灣已經揚棄不用,而以煉腦法為主[90],

---

87　《領事報告》,vol. 17, p.155.

88　伊能嘉矩,《臺灣文化志》,頁645。

89　《臺灣之樟腦》,頁1。

90　《領事報告》,vol. 17, p.143, 1890,臺南部分。

其製造過程如下：

先在山上找一塊較平坦的地點，清除樹根、雜草之後，搭一個面積約有70平方呎的腦寮（見圖3.10）。腦寮中，一般只有一個腦灶，灶之計算單位為份。灶係由土坯砌成，灶上有10鍋，鍋之計算單位為粒。鍋上有一有孔的木板，與鍋之間黏了泥土固定。木板上再放一木桶，裏面盛了樟木碎片約9至10斤。木桶的四周，以四塊厚板圍起，厚板與厚板之間均有圓木貫穿，厚板內也放泥土使之固定。在木桶的上方倒放一個陶缸，是裝結晶的樟腦用的[91]。

蒸腦時，將水由木桶上端倒入鍋中，再引燃灶中的木材，燒了一夜之後，隔天將木桶下半部所餘樟木碎片去掉，位於木桶上半部的碎片保留，改放在下半部，再拿一些新碎片置於上半部，加水再燒。這樣子，一天換兩次碎片，連續10天。

在這10天當中，鍋中沸騰的水蒸氣，透過木板的孔，將木桶中的樟木碎片蒸熱，也蒸出含腦的氣體。這些含腦的氣體，進入比較冷的倒置陶缸時，即開始凝結。10天後將陶缸拉開，陶缸中半凝結的樟腦遇到冷空氣，更進一步凝結為霜狀，用手將此霜狀結晶體取出，即為樟腦。

有10個鍋的一個灶，蒸10天所得的樟腦約為4斤，如能注意火候，或樟木含腦多，亦可能得6至7斤[92]。

---

91 《海關報告》，1868，淡水部分，p.163；周學譜譯，〈廈門與臺灣，1868-1869〉《臺灣經濟史》第9集（臺北：臺銀，民國52年），頁169；Davidson [1903]蔡譯，頁289；吳子光，《臺灣紀事》（同光間文，臺銀文叢第36種），頁13；Mitchell [1900]，p.47。

92 以上樟腦製法，見Davidson [1903]蔡譯，頁289-293。

第三章　茶、糖、樟腦之生產分析

圖3.10　山上的腦灶

Old Model Chinese Camphor Still ("Stove")
"A" Fire-box. "B" Water-pan. "C" Chip-retort. "D" Crystallization Jar.

Present Model Japanese Still
"A" Fire-box. "B" Water-pan. "C" Chip-retort. "D" Cooling-box.
"E" Crystallization-box

資料來源：J. W. Davidson, *The Island of Formosa: Past and Present* (Taipei, 1903), p.420.

1860年至1895年間的臺灣製腦方法，除1893年至1895年間，咸菜甕附近及苗栗至大湖間，曾引用日式製腦法以外，均為以上所述之中國舊式腦灶製腦法[93]。

日本是1860至1895年間唯一與臺灣競爭市場的產腦地，其製腦方法曾數度改進[94]。1711至1860年間製腦時，將樟木放鍋中煮，方法比中國舊式腦灶簡陋；1860年代有土佐式製腦法發明，即1893年臺灣苗栗地區所引進的日式腦灶（見圖2.9）。日式腦灶與中國舊式腦灶之比較如下表：

中日腦灶比較

	中式	日式
構造(1)蒸餾器	10個	1個
構造(2)結晶器、冷卻器	合一，均在蒸餾器上	分開，且放在蒸餾器之外
產量	200斤樟腦碎片製4斤樟腦，無樟腦油	300斤樟腦碎片製6.5斤樟腦，並有樟腦油
成本		日式較中式貴2成
產品	均易混有污物，且易失重，含有結晶水、揮發油，但以中式為甚。	

資料來源：Davidson[1903]蔡譯，《臺灣之過去與現在》，頁290；Mitchell, *Camphor in Japan and in Formosa* (1900), ch. II.

由上表的比較可以看出，土佐式的日本腦灶3個（含3個鍋）約為中國式腦灶2個（含20個鍋）的產量，且產品較為精良，可見日本

---

93 《臺灣產業調查表》，頁151；Davidson [1903]蔡譯，頁282。

94 松下芳三郎，《臺灣樟腦專賣志》（臺北：臺灣總督府史料編纂委員會，1924），頁89；Mitchell [1900], ch. II.

的製腦技術，正隨著日本明治維新以後的近代化措施一起精進。臺灣的腦製法，即使外人曾建議採用新的技術，但仍一成不變，根據1869年淡水的《海關報告》說：「臺灣樟腦林的豐富，導致此種不經濟的製法不斷延續，加上腦丁又多無賴之徒，也難以向他們建議新的製法。」[95]

除了技術無法精進之外，清末臺灣的製腦也與製茶、製糖一樣，有嚴重的摻雜現象，摻雜的物品有藤膠、洋菜、蕃薯粉等[96]。

三、小結

1.就耕作技術而言，清末臺灣稻作之集約程度，據1881年的《淡水海關報告》說：是全中國，甚而是全世界一流的水準；但茶、蔗的耕作則少施肥及灌溉。原因除土地沃度較高，雨量充足等良好先天條件之外，也因新開墾的土地，原利於少用勞力及資本(如肥料)、多用土地的粗放經營[97]。

2.就加工技術而言，除茶由1868年以前之只知粗製，進而知道再製之外，清末茶、糖、樟腦之加工技術均無顯著之進步。三種產業之加工技術仍屬於工場手工業的水準，用的器材多由竹、木

---

95 外人建議臺灣採用壓腦機，以減少樟腦失重，並減低運輸成本，見《海關報告》，1877，淡水部分，p.165；1878，淡水部分，p.211；1892，臺南部分。臺灣製腦未採用新技術之原因，見《海關報告》，1868，淡水部分，p.169.

96 Davidson [1903]蔡譯，頁297；Mitchell [1900], p.16；《海關報告》，1868，淡水部分，p.165；1880，淡水部分，p.195.

97 臺灣稻作技術居全中國、全世界之首位，見《海關報告》，1881，淡水部分，pp.23-25.

所造,少有金屬的成分;機械雖有,但甚為簡陋;臺灣雖產煤,也未利用它作動力,燃料仍以木材、蔗葉為主;此外,摻雜的前近代經濟現象,亦極嚴重。這些技術與當時世界上同種產品之製造技術比較,糖最落後,樟腦次之。外國人雖屢有引進其優越技術之嘗試,但除極少數例外,均未引進。其理由如下:(1)維持產品之特殊性以保持原有之市場,如茶葉拒用印度、錫蘭製茶法,糖業無精製糖廠;(2)避免舊生產方式從業人口失業,如南部糖業拒用西式鐵磨;(3)民性之念舊、排外、安於現狀,如南部糖業之拒用鐵磨;(4)勞工素質低,尤以腦丁為甚,影響新技術的採用;(5)市場未持續擴張,如南部臺灣在喪失歐美澳糖市場後,雖出口絕對量未顯著減少,但也減抑了引進新技術的動機。

茶、糖、樟腦業,是1860年至1895年間,臺灣各生產活動中與西方經濟影響力最直接接觸的一環。由其技術仍未因之改變,可見臺灣在開港之後,並未因西方經濟力量的影響,而使生產方式有大幅度的轉變。而在茶、糖、樟腦的加工過程之中,除了茶的生產技術多了一個加工層次以外,其他各業加工層次無明顯增加,亦減少各業對其他經濟部門可能帶動的連鎖作用(linkage effect)。

第三節 成本利潤分析

經濟學有多種利潤率的定義[98],本節所討論的利潤率是指

---

98 Alfred H. Conrad and John R. Meyer, "The Economics of Slavery in the Ante Bellum South," *Journal of Political Economy*, LXVI(April, 1958).

$\frac{收益-成本}{成本}$。計算收益所需的價格資料，就1860至1895年間的臺灣茶、糖、樟腦來說，雖尚為完整(見表2.9)，但歷年的成本資料，除茶、糖、樟腦有1881、1896、1903年的資料，糖有1905年，樟腦有1896年的資料外，其餘年度則付之闕如。故本節專就1881、1896、1903及1905年有關茶、糖、樟腦的成本收益資料，分析各產業的成本結構及利潤率，並探討勞力、資本及土地等生產要素(production factor)未由低利潤率的產業向高利潤產業轉移的原因。

根據1903年的資料，茶葉由耕作至粗製完成及賣出之各成本比率，依序為勞力(耕作、採茶、製茶)佔50%以上，土地、茶苗佔17%以下，燃料10%，投資資金利息9%，稅捐8.2%，運輸3.4%、器具折舊2.85%(見表3.3)，可見以勞力成本最高，土地及茶苗成本次之。

表3.3 茶由耕作至粗製完成之成本收益

單位：日圓/甲

項　　目	金　額	百　分　比
成　本		
耕種費用	600	17.08
採茶及製茶費用(勞力)	1,50	49.83
木炭及燃料	338	9.62
器具耗損(耕種及製茶)	100	2.85
運輸費用	120	3.42
稅捐	288	8.20
投資資金之利息	316	9.00
總計	3,512	100.00
收　益		
120擔，每擔40元	4,800	—

資料來源：Davidson[1903]蔡譯，頁270。
註：1903年時一日圓約為一墨西哥銀元。

表3.4　烏龍茶再製成本

單位：日圓

項　　目	金　額	百分比
成　本		
箱、鉛片、紙、顏料	63.00	17.78
揀茶費	26.04	7.35
店費及揀工以外的工資	39.60	11.18
炭費	16.50	4.66
由茶莊運到大稻埕河邊運費	0.30	0.08
大稻埕至滬尾運費	3.00	0.85
關稅	129.70	36.60
滬尾至廈門輪船載運費	10.00	2.82
海上保險費	3.00	0.85
廈門港口運至倉庫之運費、倉庫租金及放倉庫時之保險費	6.50	1.83
運至洋行之運費	3.75	1.06
樣本茶運費	2.20	0.62
買辦手續費(1,000元給10元)	2.00	0.56
佣金(1,000元給20元)	30.00	8.47
修理茶箱費	2.75	0.78
茶放商館之看管費	4.00	1.13
稱銀、稱貨的費用	12.00	3.39
共計	354.34	100.00
收　益		
100箱茶(3,300斤)	1,200.00	—

資料來源：《臺灣產業調查表》(1896)，頁45-46。

　　根據同一資料，一甲茶園約可得120擔茶，收益為4,800元，成本為3,512元，故利潤率為26.8%。

　　而根據1881年的《淡水海關報告》，茶貿易對茶農而言，年年獲利甚豐。因茶價一直在30元以上，而成本包括釐金、運輸、

加工,也只在20元以下[99],因此利潤率至少為50%。

1896年的資料則顯示,烏龍茶再製成本約佔其售價之30%(見表3.4),其買入粗製茶所用開支以外的成本如表3.4,各成本比率依序為關稅37%,包裝器材(箱、鉛片、紙、顏料)18%,勞動成本12%左右,運輸儲倉費用約15%,店費、炭費約9%,買辦佣金約9%。就包種茶的再製成本而言,若不計買入粗製茶的成本,各成本之比率依序為包裝器材37%,關稅25%,店費、炭費約14%、勞工成本13%左右,運輸及保險費7%、花4%(見表3.5)。

表3.5 包種茶再製成本

單位:日圓

項　　　目	金　額	百　分　比
成　本		
箱、鉛片、紙、顏料	0.90	32.53
揀茶費	0.15	5.42
店費及揀工以外工資	0.40	14.46
炭費	0.20	7.23
竹簍	0.12	4.34
到河邊的運費	0.01	0.43
大稻埕至淡水之運費	0.04	1.45
海關稅	0.70	25.30
滬尾至廈門輪船運費	0.10	3.61
海上保險費	0.03	0.90
由廈門至廈門商館之運費	0.02	0.72
花	0.10	3.61
一箱茶(20斤)共計	2.76	100.00

資料來源:《臺灣產業調查表》(1896),頁47-48。

---

99 《海關報告》,1881,淡水部分,pp.7-8.

由於表3.4所列1896年的再製茶成本資料,未包括買入粗製茶的開支,故無法算出再製茶茶商的利潤。

表3.6　赤糖加工時的成本收益

單位:元

項　　　目	金　　額	百　分　比
成　本		
糖廍搭築費	150	12.31
新加機器用費的利息	28	2.30
新加機器之折舊	38	3.12
黃牛20頭用費	160	13.13
黃牛之飼料費	120	9.84
石灰	18	1.48
麻油	10	0.82
工資	600	49.22
包裝費	75	6.15
創立費之利息	20	1.64
共計	1,219	100.00
收　益		
製糖70擔,糖廍主人得一半為35擔,糖1擔以2元計	1,400	—

資料來源:《舊慣經資報告》,上卷,頁166-167。

甘蔗的耕作成本甚難估計,因蔗農除種蔗之外,還兼種其他作物[100],工資、地租、農具均屬聯合成本(joint cost),難以分開計算。只知一甲地約可種17,000株甘蔗,收60至70擔赤糖,種10,000株甘蔗約需34個人工[101]。如此種10,000株甘蔗約可得41擔赤糖,赤

100　《舊慣會經資報告》,上卷,頁148-150。
101　同上。

糖平均價格一擔3元[102]，收益即有123元，工資一人約15錢[103]，34人即有51元，佔收益41.5%，故在種蔗、製糖成本之中，勞動成本相對偏高。至於蔗農利潤，據1886年駐臺南的英國領事報告說，一擔大抵低於90錢[104]，與該年糖價作比較，其利潤率約在10%以下。

根據1905年的資料顯示，甘蔗加工成赤、白糖的成本，分別如表3.6、表3.7。赤糖加工成本，以勞力成本為最高，佔49%，設備成本次之，佔約18%，獸力再次之，佔13%，其他佔10%，利潤率為15%(見表3.6)。白糖加工成本，原料佔92%，其他佔約8%。在此8%之中，以設備所佔比例最多，約3.5%，包裝費次之，約3%，燃料及泥土再次之，約1.5%，工資最小，僅佔1%。白糖加工之利潤率則為7%(見表3.7)。

樟腦業缺乏詳細的成本利潤資料，但知在1889年以前，其利潤微薄；1889年以後，則因腦價提高，利潤率大幅增加。據1878年的《淡水海關報告》記載：「該年香港腦價一擔18至20元，本地腦價為一擔9至10元，但因有20%的失重率，且有運輸、保險費、佣金及其他費用，利潤微薄。」[105] 但在1890至1891年間，腦價漲為一擔30元以上，1892至1894年間漲為40元以上，1895年且高達69元，而據1894年的《淡水海關報告》說：「香港腦價該年一度降

---

102 見本書第二章。
103 見本書以下有關工資之討論。
104 《領事報告》，vol. 15, p.667.
105 《海關報告》，1878，淡水部分，p.211.

表3.7　白糖加工時的成本收益

單位：元

項　　　目	金　　額	百　分　比
成　本		
家屋器具之折舊及修理費	115	0.90
以上固定成本之利息（月息1%）	124	0.97
變動成本之利息	200	1.56
泥土	4	0.03
燃料	60	0.47
漏釆（原料）	11,780	91.94
漏釆工資	82	0.64
赤砂工資	14	0.11
二水工資	7	0.05
三水工資	5	0.04
刀兜工資	8	0.06
包裝費	414	3.23
合計	12,813	100.00
收　益		
頭擋200擔（一擔10元）	2,000	14.55
二擋300擔（一擔9元）	2,700	19.64
三擋600擔（一擔8.5元）	5,100	37.10
刀兜140擔（一擔3兩）	1,120	8.15
赤砂600擔（一擔3兩）	2,466	17.94
砂水360擔（一擔1元）	360	2.62
合計	13,746	100.00
純收益	912	

資料來源：《舊慣經資報告》，上卷，頁179-180。

為一擔32元，此為獲得利潤的最低價格。」[106] 因香港腦價高於臺灣腦價，香港腦價32元時可獲利潤，即臺灣腦價在32元以下，便

106　同上，1894，淡水部分，p.358.

第三章 茶、糖、樟腦之生產分析

無利潤可得。而1890年以降，臺灣腦價既均在30元以上，甚而高達69元，可見1890年以後的樟腦業利潤甚為豐厚，利潤率約為1890年以前之3至6倍。

就成本結構而言，根據1896年完成的《臺灣產業調查表》記載：當腦價一擔40元時，需付8元防費，此外24元給腦丁，1元給原住民，2元給股首，5元給腦商[107]。換言之，腦丁收入佔總收益之60%，可見就腦業而言，勞動成本亦屬偏高。

由上觀之，茶、糖、樟腦業的利潤率，以茶業及1890年以後的樟腦業最高，糖業最低。就成本結構而言，則各業均以勞動成本最為重要。

茲進一步分析茶、糖、樟腦業之勞動成本如下：

1896至1905年間的資料顯示，茶業的工資，墾田與粗製的男工，一天均為25至30錢，較一般農夫（稻農）工資之為20錢高。女工則採茶女一天約8至10錢，揀茶女工一天約9至15錢，約為男工工資之0.33至0.50[108]。粗製茶的揉手工資較一般男工為高，一季30元，另有膳宿[109]；再製茶的茶師，即鑑定茶者，因其鑑定影響茶價，一季工資，製烏龍茶者為333元，包種茶者為433元[110]；而一般製茶箱、製鉛片、畫手一天的工資分別為40錢、60錢、40錢，可知茶工的工資顯著多於稻農的工資[111]。

107　《臺灣產業調查表》，1896，頁154。
108　《舊慣會經資報告》，下卷，頁466，487；Davidson [1903]蔡譯，頁263，265。
109　《臺灣產業調查表》，頁35；《舊慣會經資報告》，下卷，頁487。
110　《臺灣產業調查表》，頁39；《舊慣會經資報告》，下卷，頁488。
111　《臺灣產業調查表》，頁39。

製糖的工資（非蔗農）亦較稻農為高，如苗栗地區，糖工1日20至25錢，農夫1日15至20錢；臺中地區，糖工1年22元，農夫12元；斗六地方，糖工1日15錢，農夫8錢[112]。

至於腦丁工資，只有苗栗地區有資料，1日為20錢，較平原區稻農15錢，茶13錢為多[113]。此地茶工工資偏低，或因苗栗地區已較不宜於種茶，離茶市場又遠之故。腦丁工資較高，是因為工作風險較大，除有「番」害之虞以外，山中多瘴疾，降雨季節與外界交通困難，亦難取得物資供應[114]。

以上工資均為同時期的資料，因而可以比較而知，茶工及腦丁的工資高於糖工，糖工的工資高於稻農。

茶業與糖業的地租將在第四章說明，亦以茶業居高，除成本面的因素外，這可能也是茶業利潤比糖業大的結果。理論上，產業間若有不同的利潤率，會導致產業間生產要素的移轉。衡諸當時的臺灣史實，產業間生產要素移轉的現象並不明顯。就土地而言，主要是因生長條件限制難以移轉。就勞力而言，北部茶業工資固然高於南部糖業，但由史料看來，北部茶業之勞力大都來自大陸，並未由南部吸收移民。

據馬偕的《臺灣遙寄》記載：「每年廈門有一、二萬人到臺灣來經營茶業，此中有1%的人會留居於此」[115]。從事茶業的茶農

112　《舊慣會經資報告》，下卷，頁504-506。

113　同上，頁504。

114　臺灣總督府專賣局，《臺灣總督府專賣局事業第5年報》（臺北：臺灣日日新報社，1908[明治41年]），頁36，44。

115　Geo. C. D. D. Mackay, *From Far Formosa* (Chicago: Fleming H. Revell Co., 1896[1895作]).

很多來自安溪——廈門附近，一個較為貧瘠的地區；大稻埕的再製茶工及茶師，亦多來自大陸；採茶女、揀茶女，亦有來自大陸者，其旅費且得茶行的資助[116]。而南部人口，即使在1886年曾因政府加課糖釐、田賦，使糖業衰敝，造成人民之往內山遷移，但未有移往北部者。

南部人口未北移從事茶業或樟腦業的原因，大抵如下：

(1)人民原有安土重遷的觀念，加上糖業本身的利潤尚可維持生活，南部本身且還是個大陸人口的移入區[117]，因此沒有遷移的迫切需要。

(2)技術問題，移入北部經營茶業的大陸移民，在大陸時原已是茶業經營者，屬技術勞工(skilled labor)；南部蔗農並無此技術，有轉業上的困難。

(3)交通問題，臺灣南、北部間的交通，未必比兩岸之間的交通來得便利。兩岸之間船隻往返較為頻繁，半天或一天即可由大陸來到臺灣[118]。而由南部臺灣到北部臺灣，若由水路，自較大陸近便，但臺灣本身的沿岸各港交通，以鹿港以北各港較為頻繁，

---

116 《海關報告》，1869-1872，淡水部分，p.159；連雅堂，《臺灣通史》，頁736；《領事報告》，vol. 10, p.509, 1872，淡水部分；vol. 12, pp.719-720, 1878，淡水部分。

117 《領事報告》，vol. 17, p.646, 1892，臺南部分，記載：「自開港至1886年，南部普遍繁榮，大陸移民不斷湧入，主要來自廈門一帶，南部人口因而增加。」《海關報告》，1877，打狗部分，p.178記載：「汕頭一帶人民移居臺灣府及臺灣南端之未墾地。」

118 薛紹元，《臺灣通志》，文叢第130種(臺北：臺銀，民國51年)，頁19。

因此由南部到北部多由陸路；由安平經陸路到鹿港即需四天[119]。這種交通的隔絕，限制了人民的遷移。

(4)風險的差異，1890年以後樟腦業的利潤率，雖較糖業為高，但深山常有「番」害，因此蔗農轉業者少。

以上因素，同時也限制了南部糖業資金的北移。清末臺灣北部茶業的資金，若不來自本地，即來自大陸或外國，而不來自南部。相反的，南部本身也與北部一樣，是大陸資金與外資的移入區。

---

119 《海關報告》，1892，臺南部分，p.361.

第四章
產銷組織與運輸

　　本章所要討論的產銷組織,係指茶、糖、樟腦由生產到出口過程中,所有從業者間的關係,主要是產品的買賣關係,資本家與生產者間的貸款關係,地主與佃農間的租賃關係,商人的同業公會等。此外,還包括政府在各產業中所扮演的角色。運輸則擬探討產品由產地到市場所經過的交通路線,及所憑藉的交通工具。

第一節　　產銷組織

一、茶

(一)買賣關係

```
茶農 → 茶販 → 茶館 → 媽振館 → 大稻埕洋行
      ↓      ↗                  廈門洋行
      做茶　茶棧                  南洋
            ↓
            本地市場
```

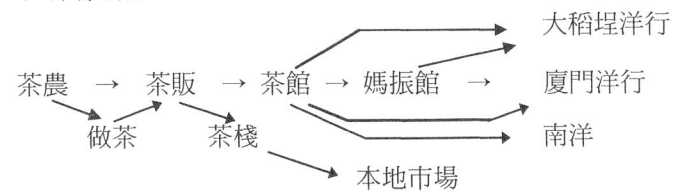

茶業的從業者及其間的買賣關係大抵如上。茶農所採收的茶或自行加工成粗製茶，或賣給「做茶」（臺語發音，指製茶者）加工，「做茶」自己也種茶。茶農、「做茶」均在茶產地，製成的茶則賣給大稻埕的茶販，這是將茶由鄉村送入城市的中間商人，人住大稻埕，但經常往來於城鄉之間。茶販買茶後即加以挑揀，劣者賣給茶棧以供內銷，優者賣給洋行、茶館或媽振館再製。烏龍茶之茶館稱「番莊」，製包種茶者稱「舖家」。媽振館為廈門洋行買辦在臺所設之茶業金融機構，兼營茶葉加工。「媽振」為merchant一字之中譯。舖家在南洋常有支店，所製茶常直接銷售。「番莊」所製茶因無法直接在美國設代辦，故或賣本地洋行，或賣廈門洋行，或因向媽振館借錢，押售給媽振館，媽振館再賣廈門洋行，而媽振館本身所製茶亦賣廈門洋行。「番莊」與洋行間均有稱為「牽茶猴」的經紀人及洋行買辦居間買賣。茶業的中間商人雖多，但因其常有投機競買的現象，結果買入的茶價有時還高於廈門茶價，收入反不若茶農平穩。茶農製一擔茶的成本不到20元，但所售茶價，除開港初期外，一直維持在30元以上[1]。

(二)借貸關係

臺灣直至1895年割日之時，仍無銀行之設置[2]。生產者的貸款

---

1 茶的買賣關係，參考：《海關報告》，淡水部分，1878, p.121；1877, pp.144-165；臨時臺灣舊慣調查會，〈舊慣答問錄〉，《臺灣慣習記事》，第2卷第1號(臺北：臺灣總督府民政局殖產部，1902[明治35年]1月)；《臺灣產業調查表》(東京：金城書院，1896[明治29年])，頁41；《臺灣之茶》(臺銀特叢第3種。臺北：臺銀，民國38年)，頁5；Davidson [1903]蔡譯，頁265。

2 《領事報告》，vol. 17, p.274, 1890，淡水部分。

第四章　產銷組織與運輸

來源常是產品的購買者,因此產品賣出的方向也是貸款流入的方向。這種貸款往往是購買者主動貸出,利率較當鋪、祺仔店等低[3],其貸款的條件是生產者必需將價值該貸款的產品賣給他,計算產品價格時較一般市價為低。這種貸款在傳統中國的農業生產中均極普遍[4],在1860至1895年間臺灣茶、糖、樟腦的生產中亦不例外。

前人常將清末臺灣茶業貸款的流入方向,化簡為以下公式:匯豐銀行→洋行→媽振館→茶館,並導出清末臺灣茶葉生產由外資控制的結論[5]。如就臺茶運至廈門之後的出口貿易而言,外資是有相當大的主控權。如1879年,臺灣運到廈門的27萬「半箱」的茶葉之中,有26萬「半箱」是由廈門洋行出口[6]。但就臺灣島內茶葉的生產及出口而言,大陸資本及臺灣本身資本在茶業中所扮演的角色不可忽視。

3　祺仔店、當鋪是傳統中國主要的金融機構,其月利率就臺灣而言,當鋪為2至2.5%一個月,祺仔店為3至9%,較茶、糖貸款利息之為1.5%高。R. H. Myers, "Taiwan Under Ch'ing Imperial Rule, 1684-1895: The Traditional Economy," *Journal of the Institute of Hong Kong*, vol. V, no. 2(1972).

4　John. K. Fairbank, Alexander Eckstein, L. S. Yang, "Economic Change in Early Modern China: An Analytic Framework," *Economic Development and Cultural Change*, IX, no.1(Oct.1960), pp.1-26.

5　東嘉生作,周憲文譯,〈清代臺灣的貿易與外國商業資本〉,《臺灣經濟史初集》(研叢第25種。臺北:臺銀,民國43年),頁103-126,195;周憲文,《清代臺灣經濟史》(研叢第32種。臺北:臺銀,民國44年)。

6　《海關報告》,1879,淡水,頁239。轉引自:李祖基,〈論外國商業資本對臺灣貿易的控制(1860-1894)〉,《清代臺灣史研究》(廈門大學出版社,1986),頁441。

開港後開拓臺灣茶葉市場的是外商。臺灣茶產量原來很少，寶順洋行職員杜德(John Dodd)，發現臺灣宜於種茶之後，於1864年即引入茶苗貸款給茶農耕植；臺茶市場原僅廈門、福州，杜德則將臺茶市場拓展至美國；臺茶原本僅有粗製，杜德則由福州、廈門引入茶師從事再製；杜德這些努力也使臺茶價格由一擔10-15元漲為30元。繼杜德提倡之後，1872年臺灣北部亦有德記、和記、寶順、怡記、永陸等五洋行經營茶業，因其加工時較無摻雜現象，亦有助於臺茶貿易之拓展[7]。當時所有茶販所收購的茶也均須由本地洋行加工再製[8]，洋行又多為外國銀行代理[9]，所以在開港初期，臺茶的貸款程序是外國銀行→洋行→茶販→茶農。但這種情形只延續到1875年。

　　由於臺灣茶葉市場的拓展，1875年以後不斷有華商加入茶業經營。1874年淡水的《英國領事報告》仍說華商出口的茶雖已增加，但只佔臺茶全部出口量的五分之二[10]，不過到1875年，外商運15,000擔，華商則運出27,000擔，可見由於臺茶貿易獲利甚豐，促使華商不斷跟進[11]。1876年淡水的《英國領事報告》又說：「茶葉貿易由中國人經營者日多，本地人的茶行及廈門人來臺所設的茶行出口640萬磅茶，本地洋行只出口160萬磅茶」[12]。1877年駐淡水

7　Davidson [1903]蔡譯，頁258-259。
8　《領事報告》，vol. 10, p. 93, 1871，淡水部分。
9　同上，vol. 10, p.509，1872，淡水部分。
10　同上，vol. 10, p.509, 1872，淡水部分；《舊慣會經資報告》，上卷，頁5。
11　《海關報告》，1875，淡水部分，p.213.
12　《領事報告》，vol. 12, p. 104, 1876，淡水部分。

第四章　產銷組織與運輸

的英國領事更感嘆地說：「在幾年以前，全部茶貿易幾由外商包辦，如今已漸落入華人之手。」[13]1881年的《淡水海關報告》說：「華商包裝八分之七的臺茶。」[14]戴維森更總結這種情勢說：「早年臺灣的茶生意，裝運及烘焙殆由外商壟斷。以後華人搶去了大部分生意，只有特級茶仍由外商控制。」[15]

這些華商亦備有資本，貸款給茶農，換取粗製茶，自行加工、包裝、再賣給外商[16]。與洋商同樣都有貸款，華商之所以較佔優勢，乃因其除了有優越的經商能力之外，更因生活節儉，與茶農又可以直接接觸，未若外商之生活費用高，礙於語言，需透過買辦居間買賣，常受買辦擺弄[17]。

華商所設茶行，1876年有33家，1884年有50家，1892年有95家，1895年有131家，而洋行在1872至1895年間，僅由5家增爲6家[18]。固然洋行資本較大，但如1892年的《淡水海關報告》說：「在95家華人茶行中有13家大茶行，無論在購買、烘焙、運輸方面，均與當時之五家洋行不相上下」[19]。

這些華人茶行的資本，有大陸資本、本地資本或兼爲大陸及

13　同上，vol. 12, p.368, 1877，淡水部分。
14　《海關報告》，1881，淡水部分，p.6.
15　Davidson [1903]蔡譯，頁261。
16　《海關報告》，1878，淡水部分，p.212；此外《海關報告》，淡水部分，1878，p.89；1877，pp.164-166,；1884，p.258均曾提及大陸資本湧入臺灣北部茶業。
17　《海關報告》，1877，淡水部分，pp.164-165.
18　《海關報告》，淡水部分，1876，p.89；1884，p.258；1892，p.341；《臺灣產業調查表》(1896)，頁37。
19　《海關報告》，1882，淡水部分，p.341.

本地資本之買辦資本。

　　大陸資本多來自廈門、汕頭、廣東，如1876年大稻埕39家華人茶行之中，有19家由本地人開設，14家由廈門人開設，5家由廣東人開設，1家由汕頭人開設[20]。1921年寫的《臺灣通史》也說：「廈汕商人之來臺者，設茶行二、三十家。」[21]而本地資本，除前述1876年33家茶行中，本地佔19家之記述外，據《舊慣會經資報告》說：「在大稻埕，板橋林家與王家春、許綸潭等合資設立號爲裕記、謙棧之金融機構，貸款給茶業經營者。」[22]亦爲本地資本之歷史記載。

　　買辦多出身寒微，但因替洋行經營商務，市場行情較爲靈通，致富者多，亦爲重要之資金提供者。如大稻埕李春生，年少家貧，1865年來臺，爲寶順洋行買辦，輔佐杜德經營茶業，「既而自營其業，販運南洋、美國，歲卒數萬擔，獲利多」[23]；買辦資本中，有1/3是廈門洋行買辦在臺所設之「媽振館」[24]。

　　由上可知，外商並未壟斷臺茶貿易，茶農貸款來源除洋行之外，也還有大陸及本地華商和買辦。一般而言，茶農貸款，若爲信用貸款，月利1.5%，若爲抵押貸款，月利1%，貸款是否用粗製茶抵繳，視雙方契約而定，若由之抵繳，要以市價之九折計價[25]。

20　《海關報告》，1876，淡水部分，p.89.
21　連雅堂，《臺灣通史》（臺北：古亭書屋影印本，民國62年），頁376。
22　《舊慣會經資報告》，上卷，頁102-103。
23　連雅堂，《臺灣通史》，頁1117。
24　《臺灣產業調查表》（1896），頁48；《舊慣會經資報告》，上卷，頁102。
25　Davidson [1903]蔡譯，頁264；《臺灣產業調查表》（1896），頁29。

再製茶商向媽振館貸款,是以製好的茶作抵押,月利1%至1.5%,等媽振館將茶拿到廈門出售後,扣除借款、利率、手續費的餘額,即交給再製茶商。因臺灣可以獲知廈門茶價,媽振館不會低報,若茶價下跌不夠償還,則等下次茶生產時再還[26]。

(三)租賃關係

茶農雖以自耕農居多,但佃農亦不為少[27]。若為佃農,與地主間即有租賃關係。根據1905年的資料,茶園一甲一年地租之高,在所有作物中,僅次於煙草,上田70元,中田50元,下田30元。其他作物地租如下表:

單位:元/甲

	米	糖	蕃藷	花生	胡麻	黃麻、苧麻	大豆	靛藍	煙草
上田	52	18	15	9	4	9	19	20	
中田	40	6	12	7	3	6	16	19	82
下田	28	1	10	4	1	4	15	10	

資料來源:《舊慣會經資報告》,上卷,頁74-75。

此地租為定額地租而非定比率地租,所謂「年有豐荒,租無加減」[28],故承租期的利潤風險由佃農自己承擔。租期多為20年,即一般茶樹的生長年限。頭三年無收成,不納租,第四年以後,每年分春、秋兩季,各納一半租金[29]。茶園地主一如稻田地主,分

---

26 《臺灣產業調查表》(1896),頁48。
27 同上,頁9-10。
28 《臨時臺灣舊慣調查會第二回報告書第一卷附錄參考書》(東京,1903-1907),頁158。
29 同上,頁158。

大、小租戶，小租戶所得地租為大租戶之四倍，亦與一般稻田同[30]。

(四)政府角色

政府對茶業之課稅，計有1871年起徵之茶釐，幾經調整後，良茶一擔1.5元，劣茶120斤0.8元[31]；1887年起徵之落地稅一擔0.4元[32]；關稅一擔3.85元[33]。關稅由海關徵課；茶釐和落地稅由茶釐總局徵課。茶釐總局課稅權常發包給商人，如1886至1890年間以16萬元發包，1890年以降增為20萬元，承包者有英商，也有華商[34]。茶農繳茶釐和落地稅是收成一批繳一次，而不是一袋袋交，有了納稅證明方能投市[35]。

茶釐與茶的關稅均為政府重要歲入之一，尤其是關稅。例如1882至1891年間臺灣政府稅收增加123%，其中關稅增加63%，關

---

30 同上，頁154-165，各契約；《臺灣產業調查表》(1896)，頁30-31，頁385。

31 臺灣抽釐始於1871年黎兆棠任臺灣兵備道時，原抽一擔1.5至2元，茶行章華封、金芳茂抗抽，又值黎道卸任，於是1872年調整為一等茶一擔1.5元，二等茶每120斤抽0.8元。見陳培桂，《淡水廳志》(1871年刊，文叢第172種。臺北：臺銀，民國52年)，頁114；《海關報告》，1869-1872，淡水部分，p.164；1873，淡水部分，p.94；《領事報告》，vol. 10, p.93, 1870，淡水部分；《臺灣產業調查表》，頁74。

32 徐方幹，〈臺灣茶史摭要〉，《臺灣茶葉季刊》，第4號(民國38年)；《臺灣產業調查表》，頁32。

33 《領事報告》，vol. 16, p. 75, 1887，臺灣府部分。

34 薛紹元，《臺灣通志》(1892-1895年刊，文叢第130種。臺北：臺銀，民國51年)，頁255；徐方幹，〈臺灣茶史摭要〉。

35 《臺灣產業調查表》(1896)，頁32。

第四章　產銷組織與運輸

稅增加額中，茶出口稅增加額約佔1/3 [36]。但臺灣政府所課茶葉關稅較他地為高，如日本一擔課1.1元，臺灣課3.8元[37]，這種高稅亦增加了茶業成本，也是臺茶發展的一個限制。而1871年以前，除關稅之外，無其他茶稅之徵課，對開港初期茶葉貿易之激增則有推助之功。

除了課稅之外，在政府對茶業的提倡方面，1877年時，夏獻綸道臺雖曾訓諭茶農以及製茶者，種植、包裝、烘焙要細心，以維持臺茶已有之地位[38]，但無積極之措施；至劉銘傳撫臺時期，對茶葉獎勵不遺餘力。一面開山撫「番」，以拓展茶園[39]；一面設法減少茶園之稅課，如1886年全臺清丈土地之初，劉銘傳曾說：「惟念山坡峻嶺，栽種茶欉者，其工本勞力，比重於其他，應加體恤。」[40] 又引入印度、錫蘭之製、種茶法[41]；更重要的是為了使臺茶不必由廈門轉口，而由基隆直接出口，修築了新竹至基隆間的鐵路[42]；

36　Morse作，謙祥譯，〈1882-1891淡水海關十年報〉，《臺灣經濟史第六集》（臺北：臺銀，民國46年），頁85-107。

37　《領事報告》，vol. 16, p. 75, 1887，臺灣府部分。

38　《領事報告》，vol. 12, p. 368，1877，淡水部分。

39　同上，vol. 15, p. 383，1885，淡水部分。

40　但因為當時實施撫墾，若在山坡峻嶺，植茶欉之地，不予清丈，恐有所不妥，故經若干調整之後，改：「收茶每擔納稅銀四角，并收茶釐」。見徐方幹，〈臺灣茶史撮要〉，《臺灣茶葉季刊》，第4號（民國38年5月20日），頁15。

41　《領事報告》，vol. 17, p. 271, 1890，淡水部分。

42　臺灣修築鐵路以開發豐富資源的建議，始於丁日昌，事見《領事報告》，vol. 12, p. 86, 1876部分，但到劉銘傳時才開始修築。劉銘傳修鐵路的動機亦在使臺灣的產品可以由基隆港直接出口，如《領事報告》，vol. 16, p. 431, 1888，淡水部分記載：「劉銘傳想修鐵路到

電報之設置雖是基於國防的需要，但其架設亦有助於臺茶貿易[43]。

(五)同業公會

茶、糖、樟腦三業之中，僅有茶與糖業有同業公會。同業公會在清代臺灣稱「郊」。茶郊之成立，學者多以為是劉銘傳督促之結果[44]，但據1876年的《淡水海關報告》記載說：「華人茶行年中召開一次會議，若某茶行被發現摻假，將罰四百元，假貨且予沒收。」[45]此記載雖未言明茶行有一常設之公會，但若無一常設機構，此預防、監督摻假的工作又將由誰執行？茶郊所留下的另一資料是1895年訂立的《茶郊永和興公約》[46]，明言茶郊為一常設機構，有組織，有章程。劉銘傳撫臺時間是1885至1890年，故以上

(接前頁)

基隆，以便臺灣的茶、糖、煤、樟腦和硫磺可直接運銷外國，而不需以廈門為轉口站。」Morse作，謙祥譯，《1882-1891淡水海關十年報》亦記載：「劉銘傳為振興臺灣貿易，並開發其資源，計劃開闢基隆為商埠。……為了使基隆成為一個航運港，乃於1887年開築一條由臺北(基隆鄰近的茶葉、樟腦市場)通到基隆的鐵路，並迅速往南方延展，使作為南部貿易市場的臺南和臺北連接起來，因而也就可以與基隆相通。」《領事報告》，vol. 15, p. 851, 1887，淡水部分：「臺北和基隆間的鐵路仍未完成，臺茶仍無法直接運銷美國。」可見劉銘傳之修鐵路，目的固然是便利全臺產品的出口，而最直接的原因是使一向需在廈門轉口的茶改由本島的基隆自行出口。這段鐵路雖原意要修到臺南，但據《領事報告》，vol. 18, p. 245記載，1893年始完成新竹至臺北一段。一直要到日據之後再往南延展。

43 《領事報告》，vol. 15, p. 851, 1887，淡水部分；vol. 18, p. 598, 1893，臺南部分。

44 周憲文，《清代臺灣經濟史》(研叢第45種。臺北：臺銀，民國46年)，頁88；徐方幹，〈臺灣茶史摭要〉。

45 《海關報告》，1876，淡水部分，p. 89。

46 全文見於《臺灣產業調查表》，頁52-60。

第四章　產銷組織與運輸

兩資料，一在劉銘傳撫臺之前，一在之後，可見茶郊之成立可能與劉銘傳無關。

根據《茶郊永和興公約》可發現此一同業公會與1860年以前成立的郊（包括糖郊在內）有如下之異同[47]：

1.組織同有爐主之設，為公會會長，亦一年一任。但茶郊的董事稱董事，其他的郊稱簽首。茶郊運用錢款的人與收款人，由不同的人負責，較無弊端。其他的郊未必有如此劃分。

2.茶郊的功能較專業化，其他的郊則功能普化（function diffused）。其他郊的功能，除了與茶郊一樣，著重產品摻假的預防與懲罰、提供度量衡標準、講求商人交易的誠信之外，還包括文化、政治、社會、宗教等功能。文化如設書院，政治如禦侮平亂，社會如義渡、義棺、修路，宗教如建廟、作醮，幾乎涵蓋地方上的一切活動。茶郊則純以健全本行業為最主要之宗旨。一般郊商辦公地點就在廟裡，與宗教息息相關；茶郊辦公地點在爐主家中，與宗教關連較少，但其用來提供茶工春來秋往的落腳點──「回

47　有關1860年以前成立的郊主要參考：(1)方豪以下研究：〈鹿港之「郊」〉，《現代學苑》，第9卷第3期(1972)；〈臺南之「郊」〉，《大陸雜誌》，第44卷第4期(1972)；〈新竹之「郊」〉，《中國歷史學會史學集刊》，第4期(1972)；〈臺灣行郊研究導言與臺北之「郊」〉，《東方雜誌復刊》，第5卷第12期(1972)；〈澎湖北港新港宜蘭之「郊」〉，《現代學苑》，第9卷第7、8期(1972)；〈光緒甲午等年仗輪局信稿所見之臺灣行郊〉，《國立政治大學學報》第24期(1972)。《臺灣之郊》，民國63年3月26日於臺大農推館之演講；(2)東嘉生作，周憲文譯，〈清代臺灣之貿易與外國商業資本〉，《臺灣經濟史初集》（研叢第25種。臺北：臺銀，民國53年）。

春所」，也供有「茶郊媽祖」，於每年農曆9月23日，茶神陸羽誕生日爲茶郊媽祖祭典日，於此一年中結束製茶的時期舉行慶典。在臺北市茶郊公會新廈於近年完成之後，此茶郊媽祖轉供奉於此48。故茶郊亦仍有宗教方面的活動。

3.茶郊對勞工特別予以救濟。其他郊商固亦從事救濟工作，但救濟對象甚爲廣泛，未特予勞工保障。茶郊特予勞工保障，乃因大稻埕茶業工人，如茶工、鉛工、箱工等，多來自大陸。遇有疾病，不義的僱主常置之不顧，進而予以放逐，於是茶郊在大稻埕設一公所，收容這些不幸的異鄉人。病者爲之延醫施藥，死者爲之購棺埋葬。其經費則由茶交易時抽取，粗製茶交易時一袋抽20錢，烏龍茶每百箱（每箱33斤）收20錢，包種茶百箱（20斤裝）收12錢，徵收對象包括華行、洋行。

4.茶郊是由大稻埕所有華人茶商組合而成，無籍貫分野，未若一般郊商之有泉郊、廈郊等劃分。

由以上專業化、較不受宗教及籍貫限制、保障勞工、合理的財務管理等觀點看來，茶郊不愧爲較其他諸郊近代化的組織，而根據《臺灣產業調查表》，茶郊成立之後，於產品之品質管制、業者彼此間的和睦、工人之救濟、對政府之建議等方面，均斐然有成。

除以上異同之外，茶郊與其他諸郊另一不同點是：其他郊商頗多有船從事陸臺貿易，清末臺灣所出口的茶主要是仰賴外船載運，茶郊則純爲同業公會組織，並未擁有運輸工具。

---

48 范增平，《臺灣茶文化論》（臺北：碧山岩出版公司，1992），頁163-165。

二、糖

(一)買賣關係

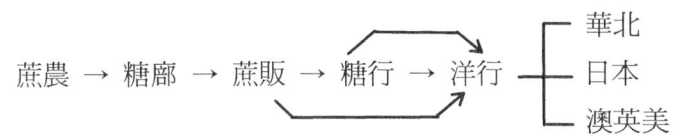

蔗農 → 糖廍 → 蔗販 → 糖行 → 洋行 ┬ 華北
　　　　　　　　　　　　　　　　　├ 日本
　　　　　　　　　　　　　　　　　└ 澳英美

蔗農所採收的甘蔗送糖廍加工成蔗糖之後，即有糖販前來採購。糖販名目紛繁，獨立經營者稱「鈷腳」、「糖割」、「糖販仔」、「辨仲」等，利潤較多；由糖行僱請者稱「出庄」，向糖行領薪水，收入較少，糖販所收購的糖轉售糖行或洋行。

糖行指設於糖產地所屬城鎮之蔗糖經銷店，若所在城鎮離海岸較遠，所收購的糖則再轉售出口商，若所在城鎮即為港口，則糖行自行外銷。糖行之在口岸者，臺南稱「糖郊」，打狗稱「糖行」，北港、朴仔腳、東港稱「船頭行」。船頭行規模較小，僅將鄰區部分糖產，藉民帆運至大陸。至於臺南糖郊、打狗糖行則規模較大，分別負責出口臺南以北及鳳山以南兩大產糖區的大部分糖產。1860年以後，臺南、打狗的洋行也分享部分糖出口貿易權，其出口糖，或由買辦向糖販買取，或由買辦直接設糖廍製造。但洋行的出現，並不如日據時期臺灣的舊慣調查會所說之導致臺灣舊有糖業出口商的沒落[49]。

臺灣糖市場在清初只包括華北、日本與南洋等地，而以華北為主；1860年以後，除有日本市場拓展之外，又增加了澳、英、

49　臨時臺灣舊慣調查會，〈糖取引に關する慣例〉，《臺灣慣習記事》，第7卷第3號(1907年3月)，頁1-15；同上第4號(1907年4月)，頁1-14。

美等市場，此得力於洋行的開設與拓展。在南部糖的市場遍達全球時，洋行在南部糖貿易中亦較佔優勢，如1877年的《打狗海關報告》說：「大量的糖由洋行買去,海關登記洋行出口的糖有333,615擔，華商輸出233,967擔。」[50]可見即使洋行較佔優勢，但與華商輸出比例也僅是3比2，並非由外商完全控制。而由本書第二章出口市場分析可知，在1880年之前南部臺灣的糖出口增為1866年之2.5至4.5倍，以1876年為例，外商載運量僅華商之1.5倍，可見增加出口的糖並不全由外商出口，也有部分由華商出口，即開港後華商出口糖數亦較1866年以前為多，並未因洋行的出現而遭破壞。尤其到1885年前後，歐美澳市場紛紛關閉以後，所留下的華北、日本市場原既較為華商所把持，因此外商在南部糖貿易中的地位遂告沒落。據1882至1891年的《臺南海關十年報告》說：「往時此地的糖可以輸至歐洲、美洲以及澳洲時，每年所產的糖大部分皆被此港的外國公司代理商以掛帳或委託的方式購去。然而在過去數年內，由於臺灣的糖在亞洲以外的市場已無牟利機會，故外國人在此項貿易中所佔的地位已不太重要了。」[51]

當臺糖只剩華北、日本兩市場時，由於臺灣南部運往華北的糖多為臺南地區的糖，運往日本的糖多為打狗的糖，所以洋行在將臺灣南部的糖運往華北、日本時，分別遭受到臺南郊商及打狗糖行的杯葛。

郊商原是由大陸來臺經營貿易的商人，對華北市場自易於掌

50　《海關報告》，1877，打狗部分，p.176.
51　P. H. S. Montgomery作，謙祥譯，〈1882-1891年臺灣臺南海關報告書〉，《臺灣銀行季刊》，第9卷第1期，頁172-196.

握，如1888、1889、1890等年駐臺南的英國領事紛紛報導說，臺南的糖運往華北，由於華人糖業公會（Chinese Sugar Guilds）極為團結，對外商極力杯葛，有一、兩次外商嘗試著載糖到華北出售，過了幾個月都賣不出去，而華人載去的糖，很快就賣了，多年來外商已由華北市場完全退出[52]。

打狗糖行因不斷兼併，最後幾乎由一家名為順和行的糖行所控制[53]。這家糖行利用其原為買辦的身分，熟悉市場行情，因而敢於大量給予蔗農生產貸款，也因而可以用較洋行為低的價格買入蔗糖[54]。順和行在日本橫濱、長崎、神戶又設有分店。而且可以親自載糖到日本出售，不必由洋行轉運[55]，而在日本出售時，因其成本較低，可以較洋行賣得便宜，導致洋行在日本市場也難以立足[56]。

(二) 借貸關係

在蔗糖的生產過程之中，蔗農與糖廍是主要的生產單位，也是最需要資金投入的部分。關於南部糖廍的集資方式，前人多概括為以下三種：1.頭家廍，由資本家或地主單獨出資僱請「頭目」（經理）代為經營。2.公司廍，由2至5位富農合資僱用頭目經營，或由5至8人合資，自己共同經營。3.牛犇廍，由20多位蔗農合股經營，「牛犇」指壓蔗的石磨推動時需由三頭牛合拉。這一合夥組織的股份即以三頭牛拉1至2小時的成本算一單位。納股者可以折錢納

---

52 《領事報告》，vol. 16, p. 589, 1889，臺南部分；vol. 16, p.308, 1888，臺南部分；vol. 17, p. 157, 1890，臺南部分。
53 《領事報告》，vol. 17, pp. 147-159, 1890，臺南部分。
54 詳見本章以下借貸關係部分之討論。
55 連雅堂，《臺灣通史》，頁1116。
56 詳見本章以下借貸關係部分之討論。

股,也可以直接拉牛納股。每一單位的股份也可以分割成2/3、1/3、1/6 等,分別指納2頭、1頭、半頭牛的股。頭目由股東輪流擔任,稱「大頭家」[57]。

但前人並未指出這些集資方式實有地域性的不同。根據《舊慣會經資報告》,及孫鐵齋,《臺灣之糖》記載,頭家廍與牛犇廍股東分糖的情形如下:頭家廍由蔗農負責割蔗,並供給原料,資本家供給糖廍內所需人工、器具,所製糖每100斤,廍主取45斤,蔗農取55斤。牛犇廍若為自己的股東壓蔗,每100斤之中,大頭家得7斤,其他股東得16斤;若替股東以外的人壓蔗,每100斤之中大頭家收8斤,其他股東收10斤[58]。

根據1890年臺南的《英國領事報告》所附買威令報告說:「甘蔗加工時,若蔗農自己供應水牛及趕牛拉動石磨的女工,則糖廍主人只抽取7%的糖作為加工酬勞,但此現象只見於南臺灣的中部;在此以南,習慣上,糖廍主人堅持要用他的牛,這樣他可保有40%至50%的糖」[59]。買威令又說臺南地區的蔗農較為富有,打狗地區的蔗農則接近赤貧。可見前人劃分的三種糖業的集資方式,頭家廍主要分布於打狗地區,公司廍、牛犇廍則主要分布於臺南地區。

也因臺南地區的蔗農較為富有,蔗農無需向出口商貸款,因此臺南的郊商多半透過獨立經營的糖販買糖,對蔗農無所控制。

---

57 《舊慣會經資報告》,上卷,頁150-152;孫鐵齋,〈臺灣之糖〉,《臺灣之糖》(臺銀特叢第1種。臺北:臺銀,民國38年), 頁24-44; R. H. Myers, "Traditional Economy"(1972), pp. 388-390.

58 孫鐵齋,〈臺灣之糖〉;《舊慣會經資報告》,上卷,頁150-152。

59 《領事報告》,vol. 17, pp. 147-159,1890,臺南部分。

也因蔗農較為獨立，糖出售時較處於完全競爭的市場型態，其價格也較接近產品的價值[60]。而在打狗地區，蔗農的貧窮與資本家的貸款制度已形成惡性循環，而成為一種社會病態。

在打狗地區，最常給予蔗農貸款，再以低價換取產品供給的就是陳福謙所設的順和行。連雅堂曾為陳福謙作傳，說他出身貧窮，曾為人刻船，也曾賣過米，而後因經營蔗糖生意「糶賤糴貴，善相機宜……以是生意日大」[61]。此「糶賤糴貴」當即指陳福謙的貸款取利。這種貸款風險很大，因為這種貸款事實上即是預買。甘蔗一種下即給予蔗農貸款，蔗農所收成的甘蔗必賣給債權人，其購貸行為也就是行於市場需要未明之先。萬一甘蔗收成時，價格大跌，即有很大虧損。一般的糖行寧願以高價買糖而不願如此貸款[62]。陳福謙之所以敢於提供大量事先貸款，乃因他「善相機宜」。陳福謙之所以善相機宜，除了他個人的秉賦以外，也可能與他曾為買辦，較熟悉市場行情有關。

連雅堂記載陳福謙的背景並未提及他曾為買辦，只提及陳福謙1870年即到日本開拓臺糖市場，在日本設支店，又因「不為外商所牽制」，自己更直接將糖運至日本、英國，是本地人中自行將糖運至日本、英國的第一人。

據1883年打狗的《海關報告》說：「洋行幾全由買辦控制，而買辦本身也是運輸商，買辦常將其出口品賣到最有利的市場去，留下較不利的市場賣其僱主的出口品。通常買辦均出身寒微，

---

60 《領事報告》，vol. 17, pp. 147-159, 1890，臺南部分。
61 連雅堂，《臺灣通史》，頁1116。
62 Davidson [1903]蔡譯，頁309。

當了買辦之後,幾年內即頗有積蓄,進而可與其僱主並駕齊驅。」[63]這段描述顯然是指陳福謙或是陳中和。戰後臺灣高雄地區的望族陳啓清之父陳中和,是陳福謙的順和行至日本售糖的主要代理人,陳中和與陳福謙的後人不和之後,另起基業,其分手可能在臺灣割日前後[64]。而1890年臺南的《英國領事報告》所附買威令報告更直接說,順和行背個說來好聽(euphemistic)的「買辦」之名[65]。可見順和行曾擔任買辦,與郝延平所研究的19世紀中國買辦中的許多個例一樣,是19世紀通商口岸開放之後與西方經濟力量接觸最爲直接,也最易於激起經濟民族主義(economic nationalism)的一環[66]。

陳福謙的貸款分三次給蔗農。當蔗芽冒出時,即派其本身僱用的糖販(稱出庄)到蔗田估價。扣去風災、水災等可能的風險,予以若干貸款;等雨季過後,收成時,再給予第二、三次貸款。蔗農所負的這些債,數目雖小,但即使在收成時,仍難以償還。

原因之一爲蔗農自己未擁有糖廍。所製糖有一半要交給廍主;原因之二是另一半糖賣給順和行時,價格極低,據買威令報告說,1 CWT〔英美重量單位,英制爲112磅,美制爲100磅〕平均爲2先令10便士,頂多不會超過3先令4便士,而順和行若將糖賣給洋行,1 CWT爲7先令,扣去運費1CWT $8\frac{1}{2}$便士,仍有2先令

---

63 《海關報告》,1883,打狗部分,p.278.
64 詳見:照史,《高雄人物評述》(高雄:春暉出版社,民國72年),頁40,60-62。感謝許雪姬教授提供此一資料。
65 《領事報告》,vol. 17, pp. 147-159, 1890,臺南部分。
66 Hao Yen-ping, *The Comprador in 19th Century China: Bridge Between East and West* (Cambridge: Harvard University Press, 1970).

第四章 產銷組織與運輸

$11\frac{1}{3}$ 便士的利潤；第三個原因是蔗農的貸款以 $1\frac{1}{2}$ 至 $2\frac{1}{2}$ %的月利以及複利計算，使蔗農更無法償還。

而事實上順和行也不強求蔗農還債，據戴維森記載：割日之際，蔗農向陳家壞帳的數目超過百萬元[67]。陳家不必強求蔗農還債的理由有二。理由之一為陳家既有的利潤已大於借款。其利潤來源有三：如上所述，陳家轉手蔗糖時每CWT約有2先令10便士之利潤；此外，因清末臺灣的幣制並不統一，陳家將糖出口時，匯率原是100個墨西哥銀元換73銀兩，而陳家向蔗農計價時的匯率是100個墨西哥銀元換68銀兩，故由匯率之不同亦可抽取一層利潤。再者因打狗地區的糖廍多由資本家出資，陳家也投資了許多糖廍，糖廍利潤如本書第三章所述，約有15%。理由之二為蔗農（其地主也包括在內）不能還債，更需要以債養債，即需不斷向陳家貸款。蔗農向陳家貸款愈多，陳家愈能掌握住蔗糖供給。其他糖行又不敢嘗試這種貸款方式，其所買入的蔗糖價格往往比陳家多10至15%[68]。由於成本較高，利潤較薄，遂逐漸為陳家所兼併。因此，當臺南地區的糖商仍維持完全競爭的型態時，打狗地區的糖商則發展為寡頭壟斷的局面[69]。陳家約於1870年開始從事蔗糖業，其壟斷打狗區糖產則是1890年左右之事[70]。

1856年羅必涅洋行（Robinet & Co.）是第一家設在南部的洋行。自其設立至1885年，是洋行在南部糖貿易中較佔優勢之時。

67　《領事報告》，vol. 17, pp. 147-159, 1890，臺南部分。
68　Davidson [1903]蔡譯，頁309。
69　《領事報告》，vol. 17, pp. 147-159, 1890，臺南部分。
70　連雅堂，《臺灣通史》，頁1116；《領事報告》，vol. 17, pp. 147-159, 1890，臺南部分。

此時洋行多為外國銀行代理,外資可能是貸款的來源之一。但外商若透過買辦貸款,買辦常乘機開拓自己的市場,外商反而吃虧;若不透過買辦,與本地人不熟,又恐遭壞帳;同時貸款後隨時要巡視蔗田以免蔗農將甘蔗賣予他人;外商自己也沒有足夠的人手[71],故外商貸款自必有限。此即侯繼明在《外資與近代中國的經濟發展》一書所說:中國是十九世紀末、二十世紀初少數未淪為殖民地的未開發國家之一,外國經濟勢力難以侵入,在於其內部對外力有強韌的抗拒[72]。

(三)租賃關係

南部臺灣的蔗農以佃農偏多[73]。據1890年的買威令報告說,南部臺灣的蔗農多以半折佃(metayer tenure)方式租賃土地[74]。所謂半折佃方式,是指地主供給佃農所需的全部或大部分農具,而佃農繳納部分農產品當作租金。但據1905年《舊慣會經資報告》,則鳳山、阿猴(今屏東)地區蔗園的地租,有一部分是以實物計算,其餘則以貨幣計算[75]。如此,南部臺灣蔗園之採用半折佃方式,便與北部茶園的租賃情形有所不同。北部茶園租賃時佃農需「自備工本」;蔗園租期多為5至6年,茶園為20年;至於蔗園一甲一年的地租如前所述,1905年時為上田18元,中田6元,下田

71　《領事報告》,vol. 17, pp. 147-159, 1890,臺南部分。

72　Chi-ming Ho, *Foreign Investment and Economic Development in China, 1840-1937* (Cambridge: Harvard University Press, 1965), pp. 122-123.

73　《領事報告》,vol. 17, p. 147, 1890,臺南部分;《舊慣會經資報告》,上卷,頁141-142。

74　《領事報告》,vol. 17, p. 147, 1890,臺南部分。

75　《舊慣會經資報告》,上卷,頁141-142。

1元,惟據《舊慣會經資報告》另一條資料,中田、下田的地租則提高到10元、5元左右[76],而如前所述,茶園則為上田70元,中田50元,下田30元。茶園租金較蔗園偏高。

(四)政府角色

蔗糖業所要負擔的稅有田賦、糖釐、關稅三種。田賦由地主繳納,佃農只繳租不繳稅。蔗園在課稅上屬園而不屬田。1888年劉銘傳清丈土地以後,一甲上園、中園、下園及下下園田賦分別為25、21、17及13錢。清丈前田賦以石計算,又多隱匿[77],難以比較清丈前後田賦之區別。但據1886年打狗的《英國領事報告》說:有一塊很小的土地,清丈前只繳5元的田賦,清丈後須繳50元[78]。可見清丈後田賦增加幅度頗大。

1885年前後澳、英、美市場相繼關閉;1884至1885年間的法軍封鎖,已造成南部蔗糖減產。1886年的加課糖釐與1888年的清丈土地,及其引起的叛亂,更使南部蔗糖業受到嚴重打擊。1886年所課糖釐原為白糖一擔40錢、赤糖一擔20錢。後因蔗農抗議,於1886至1887年間,降為白糖一擔15錢、赤糖一擔9錢,此數字適為關稅之半[79]。

1888年南部臺灣有了電報;使南部糖業貿易更能與國際市場連繫,外人因而難以從中取利[80],但如1893年刊印的《何西報告》所說:「南部臺灣除電報之外幾乎未分享到劉銘傳的現代化措施,

---

76 《舊慣會經資報告》,上卷,頁141-142。
77 周憲文,《清代臺灣經濟史》(1957),頁101。
78 《領事報告》,vol. 15, p. 667.
79 同上,vol. 15, p.667.
80 同上,vol. 18, p.598, 1893部分。

亟待改良的港口仍未改良,其他一切也仍落後。」[81]

三、樟腦

(一)買賣與借貸關係

```
                              ┌ 華商
腦丁(股首) →腦長 →腦商 ┼ 外商 →香港或本地洋行
                              └ 政府
```

在製腦業之中,腦丁是實際製腦的人,但因多為社會上的無業遊民[82],多半是受僱者。股首是介紹腦丁的捐客,本身也兼製腦[83]。腦長則為腦業的實際經營者,要負責腦寮的一切業務:修路、建灶、向原住民繳「山工銀」,給腦丁準備供給品,向政府繳稅,領取製腦執照等;只有在召集腦丁時,由「股首」協助召集,並由之代為監工[84]。腦長若獨力出資,所製腦即可自由買賣[85]。但製腦業有所謂之「沒有貸款,即沒有樟腦」(no advance, no camphor)[86],貸款在製腦業中實極普遍。腦長的資金事實上多由資本家提供,甚而腦長即是替資本家運用資金的經理。若是經理,則將所製腦

---

81 《領事報告》,vol. 18, p. 598, 1893,臺灣部分。
82 《海關報告》,1878,淡水部分,p. 210.
83 《臺灣產業調查表》(1896),頁154;松下芳三郎,《臺灣樟腦專賣志》(臺北:臺灣總督府史料編纂委員會,1924[大正13]),頁127。
84 《新竹廳志》(1907),頁507-508;Davidson [1903]蔡譯,頁289;松下芳三郎,《臺灣樟腦專賣志》,頁127。
85 《臺灣產業調查表》(1896),頁148-150。
86 《領事報告》,vol. 18, p. 351, 1893,臺灣部分。

全部交給資本家,腦長、腦丁、腦首只抽取其中幾成利益。若僅為貸款,則只償還價值該貸款本金的樟腦即可,其餘可自由買賣。樟腦折價時雖不計息,但若貸全部製腦費用,計價時一擔要比市價便宜3至4元,若僅貸款築灶費,則便宜1至3元[87]。提供資本的腦商有外商及華商。政府雖在1861至1868年間、1886至1890年間,兩度實施樟腦專賣,但除1864至1866年間政府直營之外,均包給商人經營[88]。

前人研究常謂清末臺灣腦業多操外人手中,由以下說明可知不能如此一概而論。

1855年臺灣雖尚未開港,但已有羅必涅洋行以協助道臺捕捉海盜為條件,換取臺灣樟腦經銷權及其他貿易特權。1860年開港前夕,其特權轉至英商怡和、鄧德洋行之手[89]。此時洋行透過買辦在樟腦產地的口岸購腦,就地運出極為方便。1860年以後,因只限淡水、基隆可以停泊外船,運輸成本提高,樟腦貿易沉寂一時。這些洋行的買辦即乘此空檔,接掌洋行之樟腦貿易權。這些買辦多為粵籍,其資本不如外商雄厚,即聯合向道臺繳納巨款,請求道臺將樟腦收歸政府專賣,再由這些買辦承包,故樟腦貿易權即由1855年至1861年7月之由外商壟斷,轉至華人手中[90]。

1861至1868年第一次專賣期間,除政府直營的幾年之外,均

---

87 《臺灣產業調查表》(1896),頁148-150。
88 《領事報告》,vol. 7, p. 487, 1866,淡水部分謂1864至1866等年的腦業由官方自營。《領事報告》,vol. 6, p. 483, 1864,淡水部分亦謂1864年丁道臺下令腦業不再包給私人經營。
89 Davidson [1903]蔡譯,頁277-278。
90 《海關報告》,1867,淡水部分,p. 77.

仍包給華商，據《英國領事報告》記載，其中多為臺南商人[91]。

1869年第一次專賣廢除至1886年再恢復專賣的這段期間，僅1869至1870、1876至1877等年外商較佔優勢[92]。此外，據1872、1873、1874、1878、1879等年的《海關報告》、《英國領事報告》記載說：樟腦貿易權操在華人手中[93]。1869年訂立的《樟腦條約》（Camphor Regulation），規定繳過通過稅的外人，可至樟腦產地買腦，但如1876年臺灣出口的12,079擔樟腦中，只有774擔繳過通過稅；1878年出口的13,502擔中，只有741擔繳過通過稅；1882至1886年間，通過稅甚少，據1879年的《淡水海關報告》說通過稅甚少，實意味著樟腦貿易權轉入華商之手[94]。

而華商之所以較外商佔優勢的理由，據《英國領事報告》、《海關報告》記載，是因華人生活儉樸，工作成本低；華人常拿樟腦在香港易取洋貨，在此物物交易中，樟腦計價較來臺買取樟腦的外商所出售的腦價便宜，外商難與競爭[95]；此外，1882至1886

---

91 《領事報告》，vol. 32, 1862，臺灣部分，Swinhoe報告；《領事報告》，vol. 6, p. 223, 1863，淡水部分。

92 《領事報告》，vol. 12, p. 367, 1877，淡水部分；《領事報告》，vol. 12, p. 104, 1876，淡水部分。

93 《領事報告》，vol. 10, p. 508, 1872，淡水部分；vol. 11, p. 372, 1873，淡水部分；vol. 12, p. 104, 1876，淡水部分；《海關報告》，1879，淡水部分，p.172。

94 樟腦條約中文原文見《淡新檔案選錄行政篇初集》（文叢第295種。臺北：臺銀，民國60年），頁248，英文原文見《臺灣樟腦專賣志》（1924），頁6-8；餘見：《領事報告》，vol. 12, p. 104, 1876，淡水部分；《海關報告》，1878，淡水部分，p. 211；1879，淡水部分，p. 172；Morse作，謙祥譯，《1882-1891淡水海關十年報》。

95 《領事報告》，vol. 10, p. 508, 1872，淡水部分；vol. 11, p. 372, 1873，

年間，腦業因「番」害嚴重以及日本競爭而衰極一時，更令外商裹足。由此可見，在1869年廢除樟腦專賣之後的15年內，由外商控制腦業的年數也不過是3年。

1886至1890年間政府恢復樟腦專賣，再由包商承包。其間的承包商，1886至1887年間是英商大和公司[96]，1887年10月至1890年6月間是粵商恆豐號[97]，1890年6月至1890年底是德商公泰洋行，但由華人林朝棟出名[98]。

1891年專賣再度廢除之後，公泰洋行仍是規模最大的腦商。除了公泰洋行之外，另有臺北的魯麟洋行、瑞記洋行，安平的邊恩(Bain & Co.音譯)洋行、馬尼克(Mannich & Co.音譯)洋行經營腦業[99]。而1891年以降，外商所繳的通過稅亦多，如1891年淡水出口的16,761擔樟腦之中，有10,782擔繳通過稅，1892年臺南出口的4,570擔中，有4,093擔，1893年臺南出口的6,328擔中，有5,934擔，1895年淡水海關出口的1,003擔之中，有986擔繳通過稅[100]，可見1891年以降，樟腦貿易主要是由外人控制。近人著作常謂清代臺灣的樟腦貿易由外商控制，乃因其所根據的資料多為日據前夕之資料。事實上，外商控制腦業的情形僅在1856至1860年間及1891

(接前頁)

　　　淡水部分；vol. 13, p. 346, 1878，淡水部分。

96　新竹縣文獻委員會，《新竹文獻會通訊》，第005號(民國42年8月20日)。

97　《海關報告》，1887，淡水部分，p. 282.

98　《海關報告》，1890，淡水部分，p. 319；《臺灣產業調查表》(1896)，頁136。

99　《臺灣產業調查表》(1896)，頁173-174。

100　《海關報告》，1878，淡水部分，頁211；1893，臺南部分，頁353；1895，淡水部分，頁353；Morse作，謙祥譯，《淡水海關十年報》。

至1895年間較為顯著而已,並不能概括整個清末。而即使在1891至1895年間,外商較佔優勢的時期,也有許多腦商來自福建[101]。1895年規模最大的洋行——公泰洋行在腦業中的地位也為霧峰林家所取代[102]。1891至1895年間是樟腦市場擴大的另一次契機,與茶、糖業及開港之初的樟腦業一樣,市場擴大之初,因其市場之開拓,原本來自於外商,故以外商較佔優勢,但一段時間過後,便因國人熟悉本土人情,生活較為節儉,運作成本低及國人之排外而逐漸取代外商。

(二) 租賃關係

由於樟樹多為原住民住區的天然林,故製腦時需向原住民租借土地。通常是透過懂得原住民語言的客家人或平埔族與原住民交涉,約定在多少時間之內送上鹽、布、豬、牛、山酒、火藥等物品[103],或每月每個腦灶向酋長交3角、5角、8角、1元的「山工銀」,這也就成為另一種型態的地租[104]。

(三) 政府角色

由於樟木原為製造軍船的材料,1725年閩浙總督滿保奏請在臺灣設立軍工料館,採伐大木(主要是樟木)以製船料,由道臺協同監督,伐木費用則由製腦補貼,私製樟腦為官所禁[105]。這是臺

101　《臺灣產業調查表》(1896),頁149。

102　C. A. Mitchell, *Camphor in Japan and in Formosa*, p. 52;《臺灣產業調查表》(1896),頁174。

103　《臺灣產業調查表》(1896),頁143。

104　《新竹廳志》(1907),頁507-508;《海關報告》,1892,臺南部分,p. 360.

105　陳淑均,《噶瑪蘭廳志》(1852年刊,文叢第160種。臺北:臺銀,

灣地區政府干預腦業的濫殤；亦是1860年以後，樟腦業兩度由政府專賣之背景。

關於第一次專賣之存廢，前人論述已多，其描述大抵如下：第一次專賣始於1863年艋舺料館改為腦館之時，其專賣權實由民間包辦，每年向政府繳納一定銀兩。樟腦一擔，製腦者以6元賣出，政府再以16元賣給外商，外商在香港售價為18元，獲利甚薄，故1866年英國領事即向臺灣道臺抗議，但道臺不予理會，至1868年怡記洋行(Elles & Co.)因私運價值約1000元的樟腦在梧棲被沒收，該洋行職員必麒麟(W. A. Pickering)在鹿港受人毆打，導致英國海軍登陸安平，清廷只好以6000元賠償，並訂立廢除樟腦專賣的《樟腦條約》了事[106]。

對於這一描述，本書將作如下的補充與修正：

1. 第一次樟腦專賣開始的時間，根據1870年淡水的《英國領事報告》，是1861年7月，而非1863年[107]。

2. 第一次樟腦專賣未經中央政府授意，乃地方政府接受買辦建議所採取的行動[108]。

3. 政府樟腦專賣權之承包與直營。第一次樟腦專賣時，政府

(接前頁)

　　　民國52年)，頁381；《新竹廳志》(1907)，頁499；連雅堂，《臺灣通史》，頁575；伊能嘉矩，《臺灣文化志》(東京：刀江書店，1903)，頁285。

106　周憲文，《清代臺灣經濟史》，頁114；松下芳三郎，《臺灣樟腦專賣志》，頁8。

107　《領事報告》，vol. 10, p. 95, 1870，淡水部分。

108　《領事報告》，vol. 32, p. 419, 1862，臺灣部分(Swinhoe報告)；見本節樟腦借貸與買賣關係部分。

時而自己經營，時而將專賣權賣給承包商。承包費用極高，1862年淡水的《英國領事報告》說是一擔16元，政府將其中6元交給製腦者；包商以28元在香港賣出。1863年淡水的《英國領事報告》說，在1863年以前包期均為一年，1863年以後包期為4個月，承包費用一天200元，其中125元歸道臺所有。同此一資料又說：「在臺灣的中國政府支出，主要靠賣出樟腦專賣的收費」[109]，1869年淡水的英國領事也報告說：「樟腦專賣去除，臺灣地區的政府每年將損失60,000元的收入。」[110]可見腦業在開港初期臺灣政府財政中的地位。1864至1866年間則由政府直營，未包給商人。政府之售價為一擔12.5至14元[111]。

4. 樟腦專賣廢除是外人挾條約威制的結果[112]，但對樟腦貿易而言，實有裨益。

大凡政府專賣的真諦，在於能以民間所不夠之資本振興產業。就樟腦業之振興而言，更需以政府之軍力保障腦區之安寧。但臺灣北部的山區在1872、1877等年的英國領事們筆下，仍為政令所不及，該區的安寧係由大家族族長維繫，遑論政府軍隊保護[113]。可見1861至1868年第一次樟腦專賣期間，政府未曾作過保障

109　《領事報告》，vol. 32, p. 419, 1862，臺灣部分；vol. 6, p. 223, 1863，臺灣部分；vol. 6, p. 483, 1864，臺灣部分。

110　同上，vol. 6, p. 438, 1869，淡水部分。

111　同上，vol. 6, p. 483, 1864，臺灣部分。

112　如1868年廈門的美國領事李仙得(Le Gendre)報告說：「我們沒有法律上的理由反對中國政府在接管臺灣之後就在全島設立樟腦專賣制度，但中國皇帝的特權卻大為那些現存的條約所影響。」見臺銀，《臺灣經濟史第九集》(1963)，頁172。

113　《領事報告》，vol. 10, p. 507, 1872，淡水部分；《領事報告》，vol.

製腦者安全的工作,只知由樟腦業中抽取許多稅收,也因此抬高樟腦成本,妨礙樟腦之貿易,故專賣廢除之後,樟腦出口由7,102擔增為14,240擔,幾為兩倍[114]。至於《臺灣樟腦專賣志》批評專賣廢除之後,腦價下跌至7.5至9元[115],實則專賣時製腦人所得僅6元,專賣廢除後,製腦人收入實得7.5至9元,不減反增。至於政府收入則可改由關稅、釐金徵收。腦釐徵課始自1870年,一擔5角5分,關稅為一擔1元1角[116]。

第一次樟腦專賣廢除之後,直至1886年劉銘傳撫臺之時才再恢復。恢復的理由是:彌補中法戰爭的巨大開支,籌措撫『番』經費[117]。但至1890年又廢,原因是外商由於私運樟腦被沒收,而向清廷抗議,清廷對臺灣樟腦業一無所知,竟以英國「地多虫蟻」,需「以腦薰屍」,而容許英國多買取臺灣樟腦。清廷並認為中國自古以來,除鹽、硝、硫磺官營以外,均許私售,如今英國私運樟腦出口,即予沒收,多為商人策動之結果,遂下令專賣隨即廢除[118]。

第二次樟腦專賣與第一次專賣雖同以承包制為主,但有如下不同:第二次專賣時,官方給予腦丁9至11元,向包商拿12、14、

(接前頁)

12, p. 369, 1877,淡水部分。
- 114 見本書表2.6。
- 115 松下芳三郎,《臺灣樟腦專賣志》,頁8。
- 116 陳培桂,《淡水廳志》,頁114。
- 117 劉銘傳,《劉壯肅公奏議》(臺北:文海,民國57年),頁591-594;Davidson [1903]蔡譯,頁281。
- 118 Morse作,謙祥譯,《1882-1891淡水海關十年報》;《臺灣產業調查表》(1896),頁133-134;連雅堂,《臺灣通史》,頁578。

18、20元[119]，比第一次之給腦丁6元，向包商拿16元，較無剝削之弊。第二次專賣在劉銘傳主持之下，對樟腦產區的安寧力加保障。臺灣的邊區在劉銘傳以前亦曾設隘，分官隘、民隘兩種。官隘由官方支薪，自1788年設立之後張弛不定，民隘則取糧於農[120]。劉銘傳撫臺之後則廢除民隘，改設隘勇制，一面屯墾自給，一面守邊，共有300人。又設撫墾總局於大嵙崁，「番」境連設40餘營，由三角湧之鹿武潭至咸菜甕，原住民因而降服，腦業亦得以勃興[121]。

第二次專賣對腦業既有所振興，又值樟腦市場擴大之際，專賣廢除，實屬可惜。日本領臺之後，於1899年實行樟腦專賣，雖有外商反對，日本政府仍不理會[122]，而樟腦專賣終成日本在臺政府四大稅收之一。

第二次專賣廢除之後，因製腦業者之要求，政府仍設隘勇，政府遂抽取防費以維持隘勇負擔[123]。防費訂為每灶每月8元[124]。由於塞璐珞工業勃興，政府的防費收入不但夠隘勇開支，據1894年臺南的《英國領事報告》記載，防費還與關稅、田賦、出口釐同

119　《海關報告》，1887，淡水部分，p.282；《領事報告》，vol. 10, p. 508, 1872，淡水部分；vol. 11, p. 372, 1873，淡水部分；vol. 13, p. 346, 1878，淡水部分；同註94、95、96。

120　吳子光，《臺灣紀事（一肚皮集）》(1862-1895)，頁88；《大溪誌》(1944)，頁72。

121　《桃園廳志》(1906)，頁65。

122　東嘉生作，周憲文譯，〈清代臺灣之貿易與外國商業資本〉，《臺灣經濟史初集》(研叢第25種。臺北：臺銀，民國43年)，頁103-126。

123　《劉銘傳撫臺前後檔案》，光緒16年12月劉銘傳札。

124　《海關報告》，1891，淡水部分，pp.338-339.

第四章　產銷組織與運輸

為政府重要稅收[125]。但防費的課徵亦有其缺點，一為按灶課稅，造成製腦人專揀含腦多的樟木製腦，使樟木未充分利用；二為腦灶經常為原住民破壞，常有灶毀而稅存的現象；三為奸猾之徒不自己建灶，改租他人之灶製腦，並私賣不法商人[126]。至1895年遂廢防費而改課釐金，一擔4元，至於樟腦之關稅為每擔海關兩7錢5分[127]。

第二節　運輸

由於淡水、基隆及打狗、臺南等南北口岸的腹地，以鹿港、彰化為界[128]，1860至1895年間，茶和樟腦的分布主要在鹿港、彰化以北，糖的分布又在鹿港、彰化以南，故糖多由打狗、安平出口，茶、樟腦雖有淡水、基隆兩港可以出口，但因茶的再製地點——大稻埕在淡水河口，與基隆之間隔有山丘，故以淡水為主要

125　《領事報告》，vol. 19, p. 19；《臺灣通志》(1895)，淡水部分，頁259-260亦記載：「樟腦歲出六、七十萬斤，納防費銀五、六萬兩。支局用一成外，歲收贏餘40,000餘兩。樟腦遂為臺產一大宗。」
126　Davidson [1903]蔡譯，頁282。
127　《臺灣產業調查表》(1896)，頁16。
128　1892年臺南海關報告，頁361記載：「打狗、安平、臺南府三地供給貨物的範圍遠達半個以上的臺灣，北至鹿港、彰化……但除了鴉片以外，南部口岸進口的外國貨很少運銷到嘉義以北的鹿、彰等城去，倒是南部口岸由外船載運出口的主要貨物之中有一部分是從中部運去。鹿港、彰化以北的內地都由淡水取得所需。鹿港、彰化所用的鴉片，一大部分也由淡水供給。」

出口港[129]。至於分布在鹿港、彰化內山（集集一帶）的樟腦，則視季風決定運往淡水或安平。一般而言，冬季東北季風期間，係由安平出口；夏季西南季風期間，則由淡水出口[130]。

　　由產地運到港口的交通工具，北部的茶和樟腦以舟筏和肩挑為主（見圖4.1）。1893年新竹至基隆的鐵路完成，才分擔部分的運輸工作。南部的糖運出，則以牛車、舟筏為主。大抵平坦處，即用牛車，坡陡處，則用肩挑。因北部茶和樟腦的產地多山，故多用肩挑，南部的糖產地，平原較多，故多用牛車。清末臺灣的幾條主要河川，大致都能通行小舟，如北部的淡水河三條支流及頭前溪、後龍溪等；南部的牛稠溪、八掌溪、急水溪、曾文溪、二層行溪、下淡水溪、東港溪等[131]。至於中部集集、埔里、林圯埔一帶，樟腦或由陸路挑至鹿港、塗葛堀、梧棲，再運淡水；或先集中在集集，用牛車載約半里路到濁水溪旁，再以竹筏經水路運至北港，再運安平[132]。

　　以上島內交通工具除1893年修成的鐵路以外，均為1860年以前所原有，可見1860年以後臺灣的交通工具並未因外人經濟力量的侵入而有大的轉變，而交通之落後，就1886年臺灣府的《英國

129　*Formosa Oolong Tea*(1904)，未標頁數；《臺灣產業調查表》(1896)，頁74；Davidson [1903]蔡譯，頁267。

130　Davidson [1903]蔡譯，頁283；C. A. Mitchell [1900], p. 32.

131　《領事報告》，vol. 18, p. 14, 1893，淡水部分；C. A. Mitchell[1900], pp. 32-35.《舊慣會經資報告》，上卷，頁15，180，500；《領事報告》，vol. 7, p. 279, 1866，打狗部分。

132　《舊慣會經資報告》，上卷，頁608，617；C. A. Mitchell[1900], p. 30.

領事報告》看來，是臺灣對外貿易的最大障礙[133]。

由本島運出，如茶運廈門，樟腦運香港，糖運華北各港、香港、上海、日本橫濱，所用的運輸工具如下：

圖4.1 在大嵙崁(今大溪)載了茶的民帆

資料來源：Bureau of Productive Industries, *Formosa Oolong Tea*(Taihoku, 1904)，未標頁數。

一、茶

1866年以前，茶除了1862年有3,516擔由外船載出以外[134]，主

---

133 《領事報告》，vol. 15, p. 668, 1886，臺灣府部分。
134 《領事報告》，vol. 10, p. 93, 1870，淡水部分。

要是由民帆載出[135]。外船之大量使用，始於1866年，但在1867至1876年間，仍有部分茶由民帆載出。

　　1867年民帆載1,600擔茶至澳門、廈門、臺灣府，外船載2,030擔[136]；

　　1871年民帆載858擔茶出口，外船載14,868擔[137]；

　　1872年民帆載1,309擔茶出口，外船載19,513擔[138]；

　　1874年民帆載出一等茶1,806擔，二等茶3,246擔，共5,052擔，外船載24,610擔[139]；

　　1875年民帆載上等茶1,880擔，劣等茶6,320擔出口，共8,210擔，外船載41,573擔[140]；

　　1876年民帆載良茶500擔，劣茶3,450擔出口，外船載58,877擔出口[141]。

　　由上可見，1867至1876年間民帆載茶量與外船載茶量的相對比例日減，民帆載茶量遠遠不如外船，所載茶又以劣茶居多。因此儘管1866年的《淡水海關報告》還說：「民帆不用付關稅，在運茶方面似乎較外船佔優勢。」[142]至1873年的《淡水海關報告》已記載：「民帆貿易漸爲外船所取代。」[143]1877年的《淡水海關

135　《海關報告》，1866，淡水部分，pp. 45-49.
136　同上，1867，淡水部分，pp. 73-84.
137　同上，1869-1872，淡水部分，p. 162.
138　同上，1867，淡水部分，pp. 73-84.
139　同上，1874，淡水部分，p. 126.
140　同上，1875，淡水部分，p. 213.
141　同上，1876，淡水部分，p. 91.
142　《領事報告》，vol. 7, P. 484, 1866，淡水部分。
143　同上；vol. 11, p. 59, 1873，淡水部分。

報告》更記載：「輪船大大影響戎克貿易，導致許多華船經營者虧損」[144]。

外船在載茶方面取代民帆的理由，除了外船速度較快以外，外船船價較廉，保險額在1873年以後提高，而1876年以降，基隆煤礦的開發，使外船可就地取得燃料，亦促成外船載運量增加[145]。

1877年以降的《海關報告》不再有民帆載貨量，而據1893年的《英國領事報告》有關全臺灣的報告說：「海關進出口數字不包括民帆載運數字，但目前民帆貿易比起輪船、外國式帆船已不太重要，由後者之載運數字已可知臺灣貿易之一般。」[146]

二、糖

1860年以後，在臺灣出口的蔗糖之中，竹塹（今新竹）所產糖，除少量由華商託外船載運外，主要仍由民帆載往華北[147]，至於南部的糖，據1887年臺灣府的《英國領事報告》說：「白糖貿易一直都操在民帆主人手中，外船僅載運了一小部分。」[148]而赤糖出口，由安平出口者，交民帆載運者亦多。但就整個南部臺灣所產蔗糖而言，除了1884年因法軍封鎖，1886年因加課糖釐，由民帆

144　《海關報告》，1877，淡水部分，p. 165.
145　《領事報告》，vol. 11, p. 159, 1873，淡水部分；vol. 12, p. 104, 1876，淡水部分。
146　同上，vol. 18, p. 34, 1893，淡水部分。
147　同上，vol. 11, pp. 373, 380；《海關報告》，淡水部分，1875, p. 213；1876, pp. 88, 91.
148　《領事報告》，vol. 16, p. 74, 1887，打狗部分。

載運較易逃稅，使外船載糖量不到民帆的一半以外[149]，仍以外船載運爲主。

據1876年打狗的《海關報告》記載：「由於外船進出口額增加，安平、打狗及東港所出入的民帆已大減，開港前後每年平均出入的民帆數目共有700艘，其中打狗200艘，安平300艘，東港200艘；到1875年只剩383艘，其中打狗83艘，安平200艘，東港100艘；1876年共315艘，其中打狗35艘，安平200艘，東港80艘。」[150]可見南部各港的民帆貿易量減少，其中安平減少不多，打狗則顯著減少。該報告又說：「幾年前不難在旗後村（即打狗，今高雄）不遠的潟湖上看到很大的民帆，現在已經少見了，連小船數目亦減。」[151]

打狗既爲臺灣南部蔗糖的主要出口港，其民帆貿易之不重要，亦顯出南部蔗糖主要由外船載運出口，而就1888年的《打狗海關報告》記載：「1888年是繼1886年課釐之後，民帆載運量較多的一年，但該年南部所產的770,000CWT的蔗糖之中，有622,551 CWT由外船載運；只有37,000 CWT由臺灣府、鹿港、笨港之民帆載運出口。」[152]而1888年外船載運的蔗糖之中，有打狗的糖，也有臺灣府的糖[153]。可見臺灣府的糖，不盡由民帆載運，而就全部南部臺灣的糖而言，仍以外船載運爲主。至於承載的外船，南部臺灣的蔗糖遲至1887年才大量使用輪船，1887年以前是使用外國

---

149 《領事報告》，vol. 16, pp. 73-75, 臺灣府部分；vol. 15, p. 291, 1884，臺南部分。

150 《海關報告》，1876，打狗部分，p. 104.

151 同上。

152 《領事報告》，vol. 16, p. 308.

153 《海關報告》，1888，打狗部分，p. 310.

式帆船[154]。

三、樟腦

樟腦出口留有民帆載運量資料者，僅1871至1876年間的幾年，其與外船載運量比較如下：

	1871	1872	1875	1876
民　帆（擔）	5,962	3,864	4,370	1,830
外　船（擔）	9,691	10,282	7,139	8,795

可見在1870年代早期，民帆載運樟腦量已少於外船[155]。雖然有1873年的《英國領事報告》記載說：「民帆載樟腦一桶（tub）需2元7錢5分，輪船載一桶雖只需2元，但輪船要繳關稅，而且海關算樟腦重量時雖有折扣失重率，但只扣5%，而夏天失重率有時高達20%，故由民帆載運仍較輪船划算。」[156]但1878年的《英國領事報告》仍說樟腦幾乎全由輪船載運，1880年的《淡水海關報告》更明確地說：「樟腦多由輪船載出，因民帆載運速度較慢，耗損率高。」[157]

雖然茶、糖、樟腦載運出口的運輸工具，均由外國的輪船或外國式帆船逐漸取代了中國式的民帆，但如前所述，託運的商人，除1891至1895年的樟腦以外，仍以華商為主。

1860年以後的茶、糖、樟腦出口，糖除歐、美、澳市場開放

154　《海關報告》，1888，打狗部分，p. 310.
155　同上，淡水部分，1876，p. 93；1875，p. 217；1872，p. 170.
156　《領事報告》，vol. 11, p. 160, 1873，淡水部分。
157　《海關報告》，1880，淡水部分，p. 195.

時期，由香港轉口到歐、美、澳洲以外，多半直接運到最終市場；樟腦因最終市場主要是德、法、英、美、印，故多由香港轉口；茶則主要由廈門轉口。茶由廈門轉口的原因如下：

　　1.臺灣缺乏良港，電報及其他出口設備較爲不足。就臺灣接近茶產地的兩個港口──淡水、基隆而言，淡水有沙洲淤積，巨輪難以停泊，基隆雖爲良港，但與茶產地之間有山區阻隔，在1893年鐵路築成以前，往來不便，1893年鐵路築成，效率仍低。淡水自1887年始有電報，在此以前，亦無法直接與世界茶市場連絡。臺灣因係新發展的茶產區，茶出口設備較不齊全。

　　2.廈門爲一良港，可供巨輪停泊，且位於上海──香港──歐洲航線上，地理位置優越。廈門長久以來，即爲一個茶貿易據點，與世界茶市場，不但有電報連絡，且有銀行可提供資金，一般出口設備亦較充足。

　　3.臺灣茶業發展，無異爲廈門之一分支。廈門茶葉減產，乃臺茶興起的原因之一，而臺灣的茶行、茶農多來自廈門，資金、技術多賴廈門供給，故與廈門關係極爲密切。在本身缺少良港、電報及設備較不充足的情況下，遂借重廈門出口[158]。此亦此時臺灣這一個移民社會與中國大陸仍唇齒相依的另一證據。而樟腦、糖需由香港轉口的原因亦大抵如是。

　　茶、糖、樟腦經廈門、香港轉口到歐美時，路線有二：一爲直運美國西海岸，一爲經東南亞、印度經蘇伊士運河運至歐洲、

158　《領事報告》，vol. 15, pp. 646-647, 1886，廈門部分；vol. 13, p. 347, 1879，淡水部分。

第四章　產銷組織與運輸

美國東海岸[159]。

第三節　小結

　　一、以上由買賣關係、借貸關係、租賃關係、同業公會、政府在各產業中扮演的角色以及運輸部分，分別分析1860至1895年間茶、糖、樟腦之產銷後，可以看出這個產銷體系呈現著一幅傳統與現代交織的景象。如政府在1870年代以前，只知消極地課稅，1870年代以後，對各產業則有積極的振興；茶、糖、樟腦買賣過程中，一般是中間商人繁多，但順和行經營打狗糖產或一些腦商之經營腦業，則能一手控制產銷過程中之每一單元，而由經理代為執行業務；糖郊等1860年代以前成立的郊商，仍是功能普化，1860年以後成立的茶郊，則有專業化色彩；島內運輸，除新竹至基隆的鐵路1893年完成，電報於1890年左右架設之外，仍以傳統的舟筏、肩挑、牛車為主，但產品出口的運輸工具則逐漸為外船所取代，其中北部臺灣的茶與樟腦在1875年左右，已由外國式帆船改用輪船，南部則至1887年始大量改用輪船；為生產而貸款原是健全的，但清末臺灣的生產貸款不全來自銀行，而主要來自產品購買者，易產生債權者向債務人剝削、債務人向債權人壞帳的現象，此現象尤以打狗區糖業最為嚴重，北部腦業次之，臺南區糖業不盛行貸款，茶雖有貸款，但不一定以產品抵繳，較具有純粹生產貸款的性質；土地所有形態，臺灣的北部茶農多自耕農，

159　Davidson [1903]蔡譯，頁267。

但仍有佃農,南部打狗區的佃農制則甚普遍。

　　二、在此產銷體系之中,可以看出外人對臺灣經濟影響之程度。其中影響最明顯的一環是產品出口時改採外船。民帆雖有課稅較輕的保障,但因速度慢,沒有保險,船費較貴,終被逐漸取代。運輸往往是外國經濟力量最易侵入的部門,但侯繼明在《外資與近代中國的經濟發展》一書中指出在1864至1914年間,中國的民帆對外船有強有力的競爭力量,此期間且以6.3%的增長率成長[160]。就臺灣而言,民帆雖仍承擔陸臺之間,來自大陸的日用手工業品及臺灣出口大宗以外的物品和若干出口大宗的載運,但大致的趨勢是如1892年蔣師轍寫的《臺游日記》所說:「自輪船入中國,而海舟幾廢」[161]。

　　至於外資在各產業中扮演的角色,並不如想像中的重要。一般而言,外資在北部的茶業與樟腦業之中較南部的糖業重要,因南部開發較久,本身商業資本的累積原較雄厚,故1871年淡水的《英國領事報告》說:「1871年南部貿易額為北部之兩倍,但這不意味著北部不利於外商投資,北部貿易在性質上較南部更具外國色彩」[162]。但不論北部的茶、腦業或南部的糖業,外商均只在產品市場由外商初拓時較佔優勢,而後外商所開拓的市場隨即因本地人優越的經商能力,對本土人情的熟悉,較具機動性,經濟民族主義的興起,而對外商有杯葛的現象,政府對外資雖表歡迎,

---

160　Chi-ming Ho[1965], pp. 171-172.
161　蔣師轍,《臺游日記》(1892年刊,文叢第6種。臺北:臺銀,民國46年),頁57。
162　《領事報告》,vol. 10, p. 253, 1871,淡水部分。

但不夠保障[163]，而使華商逐漸取代外商的地位。這些華商所擁有的資本則包括大陸資本、本地資本或兼為大陸資本與本地資本的買辦資本。

---

163 《領事報告》，vol. 51, p. 666, 1886，臺灣府部分記載：「幾年前中國政府聲明歡迎外國人取得土地，以介紹新的耕種方式及機器使用法。但一則因政府未協助外人取得土地，一則政府要求外國資金以中國人的名義投資，不太有保障，而無下文。」

第五章
茶、糖、樟腦業對臺灣經濟、社會的影響

　　1860至1895年間臺灣出口的茶、糖、樟腦，市場遍及全球，全球之使用者及經銷者自然都會受其影響，尤其如廈門、香港等轉口港，所受影響更深。如1895年駐廈門的英國領事報告說：「為臺灣轉口茶葉是廈門繁榮的主要基礎。1895年的臺灣割日，將使廈門關稅減少，成千上百的人失業，廈門城中也將少了數百萬元可以流通，故臺灣割日將予廈門致命打擊。」[1] 因本文著重臺灣本身所受茶、糖、樟腦業發展之影響，故諸如此類的影響只能擱置不論。而就對臺灣本身經濟與社會的影響而言，必然是項目紛繁，本章只討論幾項直接受茶、糖、樟腦等業發展影響之社會、經濟變遷，如創造就業、扶養人口，賺取外匯、增加稅收，邊際土地的開發與原住民之東移，城鎮的繁興，社會結構的變動及臺灣歷史重心的北移等。

1　《領事報告》，vol. 19, p. 499, 1895，廈門部分。

第一節　創造就業、扶養人口

　　學者常論經濟作物之種植為人口壓力下的結果[2]，就1860至1895年間臺灣茶、糖、樟腦等經濟作物的發展而言，市場的需要才是最主要的動因，人口壓力僅可說是助長因素。但茶、糖、樟腦發展的結果，也緩和了開港前夕的人口壓力，並進而扶養更多人口。首先說明1860年開港前夕臺灣的人地關係。

　　儘管臺灣在1860年代來臺外人的眼中，仍是個資源豐富尚待開發的樂土[3]，也儘管在乾隆年間(1736左右)臺灣仍是個「四方奔趨圖息」的地方[4]，1846年閩浙總督劉韻珂已經上奏指出：「臺灣夙號殷阜，近因物力有限，戶口頻增，以致地方日形凋弊」[5]，可見在治臺地方官眼中，1860年以前，臺灣的人地關係已日趨緊迫。

　　外人之所以覺得臺灣資源豐富，而國人覺得「物力有限」，仍因在開港以前，市場對臺灣所需要的產品主要是米和糖，而適合生產米、糖的田園，地較沃者已於雍正年間(1723-1735)開發，地較貧瘠或交通較不方便的山麓地區也已於乾隆年間(1736-1795)開發[6]，也就是說，1800年以後臺灣可利用土地的拓展較為有限。

2　如 Ester Boserup, *The Condition of Agricultural Growth: The Economics of Agrarian Change under Population Pressure*(Chicago: Aldine Publishing Co., 1965).

3　《海關報告》，1883，打狗部分，p. 278。

4　黃叔璥，《臺海使槎錄》(1736年刊，文叢第4種。臺北：臺銀，民國46年)，頁21。

5　《明清史料戊編》，下，頁199。

6　《舊慣會經資報告》，上卷，頁10；臺灣省文獻委員會，《臺灣省通志》，卷2，〈人民志・人口篇〉，頁119；周憲文，《清代

第五章　茶、糖、樟腦業對臺灣經濟、社會的影響

但由於雍乾年間土地的大量開發，以及移民限制的較為鬆弛，大陸人民的移臺達到空前高潮[7]。1860年時臺灣人口已增為約200萬[8]。1800年以後臺灣可利用土地的拓展既較有限，而1800至1860年間臺灣人口又大幅增加，故1860年前夕臺灣有人口壓力的形成。

面對著這一人口壓力，閩浙總督劉韻珂的建議是：「開關則地利較溥，可產米百萬擔，他如木料、茶葉、樟腦、藥材等物，為數更屬不少。通商惠工，培養生機，元氣可期漸復，是其興利者一。」[9] 也就是一面開墾，一面為山區的豐富資源找到市場。1860年的臺灣開港締造了茶、糖、樟腦的市場，雖非臺灣方面主動爭取的結果，但卻符合臺灣本身發展的需要。

茶、糖、樟腦的生產提供了許多就業機會，尤其開港之後，茶的地位日趨重要，且由僅知粗製轉而有再製，更創造了許多就業機會。如《舊慣會經資報告》記載：「二、三十年前（約1875-1885）女婢（臺語稱「媌媒嫺」約7-15歲，可以轉賣）的身價為30-40元，製茶事業勃興以來，供給減少，餘者身價日高，到目前（1905）已漲為80至100元」[10]。1890年的《淡水海關報告》說：「該年臺灣曾試著種桑養蠶，但因勞工均為茶葉吸收，無法發展。」[11]可見在

(接前頁)

　　臺灣經濟史》（研叢第45種。臺北：臺銀，民國46年），頁13-18。
7　東嘉生作，周憲文譯，〈清代臺灣之土地所有形態〉，《臺灣經濟史初集》（臺銀研叢第25種。臺北：臺銀，民國43年），頁96-102。
8　《領事報告》，vol. 6, p. 116, 1861，臺灣部分。
9　《舊慣會經資報告》，上卷，頁10；臺灣省文獻委員會，《臺灣省通志》，卷2，〈人民志・人口篇〉，頁119；周憲文，《清代臺灣經濟史》（研叢第45種。臺北：臺銀，民國46年），頁13-18。
10　《舊慣會經資報告》，下卷，頁486。
11　《海關報告》，1890，淡水部分，p.321.

茶業發展以後，北部臺灣已達到充分就業（full employment）的水準。

而就茶、糖、樟腦實際扶養的人口而言，以往學者認為1860至1895年間，臺灣的茶出口雖居第一，但扶養人口數，以糖居第一[12]。事實上，由於茶業高度的勞力密集，且有兩個加工層次，仍以茶業的扶養人口最多。茲說明如次：

就耕作部分而言，因蔗園面積較茶園為廣，據1898年的資料，茶農戶數僅20,129戶，蔗農戶數有38,038戶[13]。假設一戶從業人口以3人計，則茶農較蔗農少約5萬人。

就採收部分而言，由於甘蔗採收時間較茶為短，蔗農常可彼此幫忙採收，故採收時無需再僱用蔗農以外的其他勞力[14]；茶的採收，因一年有6至7個月的採收時間，一共需採7回，每回又分幾次採收，所需人工極多，需另聘採茶女採茶，每年山上所僱用採茶女，根據1905年的資料，有20萬人[15]。

就加工部分而言，根據1905年的資料，茶粗製工人約3至4萬人，其中可能包括部分茶農，僅以1萬人計。茶再製從業者包括茶商、茶販、揀手、畫手、茶師、箱工等，據1896、1903、1905等年的資料，都在2萬人以上[16]，與粗製合計，約有3萬人；糖加工人口，根據1903年資料，一個糖廍有10至14個僱工製糖，另有8至16

12　Davidson [1903]蔡譯，《臺灣之過去與現在》，頁307。
13　《舊慣會經資報告》，上卷，頁60-62，143-144。
14　同上，頁143。
15　同上，頁105。
16　《舊慣會經資報告》，上卷，頁105；《臺灣產業調查表》（1896），頁34-35；Davidson [1903]蔡譯，頁265。

第五章　茶、糖、樟腦業對臺灣經濟、社會的影響

個僱工運蔗,以其平均數24人計,全島有1400個糖廍[17],若不考慮搬運工人有時亦為蔗農,糖加工工人即有3萬人,故就加工部分而言,茶、糖從業人口大致相等。

綜合以上計算,可知茶從業人口約比糖多15萬人,糖從業人口本身約15萬人,茶則約有30萬人。

樟腦業無從業人口資料。取1894年的樟腦出口量來看,因一擔樟腦需4人生產一個月(約22個工作天)[18],1894年樟腦出口量為39,547擔,該年樟腦從業人口即為13,149人。1894年乃樟腦出口量最多的一年,其從業人口仍遠遠不如茶業或糖業,但因其從業人口之中,除客家、平埔族之外,也吸收了許多無業游民[19],亦有緩和人口壓力的作用。

以上只討論茶、糖、樟腦業本身的從業人口,與之相關的行業,另外也創造了一些就業機會。例如將茶、糖、樟腦由產地運至港口的挑夫、船夫、或牛車夫以及製船的人[20];為保障樟腦業和茶業的隘勇[21];薰製包種茶所用花的種植者等[22],惟此等人數無從查

17　Davidson [1903]蔡譯,頁309。

18　同上,頁292,309;《臺灣產業調查表》(1896),頁156。

19　《海關報告》,1878,淡水部分,p. 210.

20　參考東嘉生作,周憲文譯,〈清代臺灣之貿易與外國商業資本〉,《臺灣經濟史初集》,頁103-126。

21　參考H. B. Morse作,謙祥譯,〈1882-1891年臺灣淡水海關報告書〉,《臺灣經濟史六集》,頁85-107。

22　連雅堂,《臺灣通史》(臺北:古亭書屋影印本,民國62年),頁735-736記載:「南洋各埠前消福州之茶,而臺北之包種茶足與匹敵。然非薰以花,其味不濃,於是又勸農人種花。花之芬者為茉莉、素馨、梔子,每甲收成多至千圓,較之種茶尤有利。故艋舺、

考。

　　茶、糖、樟腦業所扶養的人口除其本業或相關行業的從業者之外，還包括這些從業人口家中無能力就業的人口。此外，因有茶、糖、樟腦的出口導致華洋百貨的進口，負責這些華洋百貨分配工作的人口，也與茶、糖、樟腦的生產有關。

　　依照馬爾薩斯的人口理論，若經濟結構不變，在土地供給固定的情況之下，由於報酬遞減律的作用，人口的增加將受到限制[23]。在1860年前後因為可利用土地的增加已經有限，人口的增加速度已經緩慢下來。1811年，即嘉慶16年，臺灣的地方官曾查照各縣廳保甲門牌，核實土著流寓，得全臺人口數為194萬人[24]。1861年，根據該年駐臺的英國領事報告指出，該年臺灣人口為200萬[25]。若1860年以後的經濟結構未變，人口將會減少，但1860年以後的臺灣人口仍然增加，至1893年時已約有255萬[26]，關鍵在於經濟結構已有了改變。臺灣貿易範圍的擴大，導致茶、糖、樟腦的大量增產，乃是經濟結構改變的重要環節。此三項產品增產的結果，不但扶養了臺灣本身自然增殖的人口，也扶養了陸續由大陸移臺的人口。

(接前頁)
　　　八甲、大隆同一帶，多以種花為業。」
23　T. R. Malthus，《人口論》（臺北：三民書局，1977）。
24　臺灣省文獻委員會，《臺灣通志稿》，卷2，〈人民志・人口篇〉，頁159-160。
25　《領事報告》，vol. 6, p. 116, 1861。
26　同上，vol. 18, p. 19, 1895，臺南部分；George Mackay，*From Far Formosa*(N.Y. 1896)均謂臺灣人口有300萬；連雅堂，《臺灣通史》，頁186-187謂劉銘傳時期臺灣人口有320萬；Davidson [1903]蔡譯，頁417則謂臺灣人口有278萬。

第五章　茶、糖、樟腦業對臺灣經濟、社會的影響

　　清末臺灣北部地區，在1851至1878年間（咸豐、同治以及光緒初年），每年每萬人的刑案發生比例約在0.02至0.23之間，在1879至1893年間（光緒5至19年），則爲0.21至1.36之間，顯然在19世紀下半葉的臺灣，治安惡化。尤其在較商業化的城鎮或港口，搶竊案件更爲頻繁，傷害案與殺人案亦多。此等現象的發生固然有地方叛亂、兵力虛實等種種理由，但茶、糖、樟腦業造成的商業化現象增加人們的物欲可能也是因素[27]。不過同樣在臺灣北部，北臺灣北部較北臺灣南部之人口成長率高，犯罪率反而較低，北臺灣北部的茶、糖、樟腦及其他商品如煤或石油等獲利較多，並可以創造更多就業，可能爲重要因素[28]。

第二節　賺取外匯、刺激進口、增加稅收

　　根據《海關報告》，1878年以前臺灣的出口值與進口值仍然互有高低，但1878年以後，臺灣的出口一直多於進口（見表5.1，圖5.1），就1868至1895年間臺灣的出口總值與進口總值比較，前者且爲後者之1.2倍（見表5.1）。1868至1895年間，茶、糖、樟腦的出口總值既佔此時期臺灣出口總值之94%，茶、糖、樟腦的出口自是造成此時期臺灣出超的主要因素，尤其是1878年以後茶出口值佔臺灣總出口值的比例，由47.21%以下，增爲74.90%，更爲1878年以後臺灣貿易出超之主要關鍵。

27　邱純惠，〈十九世紀臺灣北部的犯罪現象——以淡新檔案爲例〉（臺灣大學碩士論文，民國78年），頁5。
28　同上，頁81-109。

表5.1　臺灣進、出口淨值比較(1868-1895)

單位：萬海關兩

年代 進出口 港口	進口 淡水	進口 打狗	進口 總計	出口 淡水	出口 打狗	出口 總計	出口－進口
1868	51	64	115	27	61	88	-27
69	49	85	134	25	73	98	-36
70	56	89	145	40	125	166	21
71	70	109	179	51	119	170	-9
72	72	96	168	77	119	197	28
73	89	90	179	55	93	148	-23
74	91	110	201	61	120	181	-20
75	102	120	222	73	108	182	-40
76	119	128	247	121	142	263	15
77	132	151	283	143	133	276	-7
78	130	137	275	167	112	279	4
79	155	178	333	209	204	413	80
80	160	199	359	231	256	487	128
81	173	237	410	241	175	416	6
82	145	165	310	253	152	405	95
83	120	140	260	234	177	411	152
84	123	132	255	240	177	417	162
85	176	140	316	274	108	382	66
86	203	151	354	338	107	445	92
87	223	157	380	337	119	456	76
88	261	138	399	306	148	454	59
89	218	142	360	309	133	441	81
90	222	162	384	330	195	426	141
91	220	150	370	310	163	474	104
92	235	140	375	343	153	496	121
93	309	172	481	477	157	634	153
94	342	203	545	488	236	725	189
95	190	918	281	188	154	342	61
合計	4,439	3,878	8,317	5,948	4,021	9,969	出口/進口＝120

資料來源：《海關報告》，淡水、打狗(或臺南)部分。

圖5.1 臺灣進出口淨值比較(1868-1895)

單位：萬海關兩

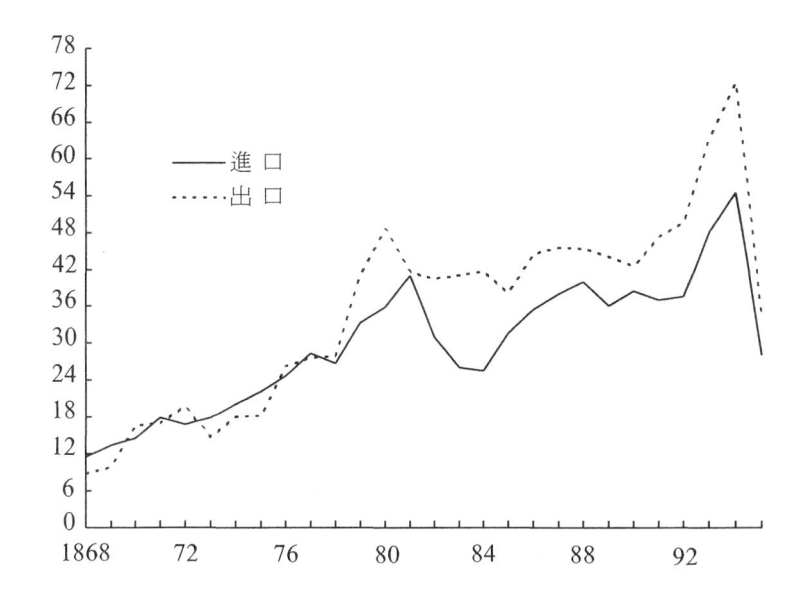

資料來源：表5.1

出超使臺灣的貨幣供給量增加，或為馬若孟所謂1890年代早期臺灣物價以一年2%的速度上漲的因素之一[29]。

出口換進來的是華洋百貨以及鴉片。在1860年以前，臺灣原

---

29 R. H. Myers, "The Traditional Economy" (1972), pp. 400-402. Myers 認為影響此期臺灣物價上漲的因素主要是人口增加，筆者認為除人口增加以外，與銀價貶值、貨幣供給量增加均有關係。

已仰賴大陸供給日常所需的手工業產品，1860年以後，這種需要雖兼而仰給於洋貨，洋貨進口額目爲華貨之3至13倍(見表5.2，圖5.2)。但華貨的進口額仍逐年增加(見圖5.2，表5.2)，由1868年至1894年已增爲7倍(見表5.2)。此外，另有民帆載大陸華貨進口，故華貨進口並未因洋貨進口而減少。而就洋貨進口而言，1894年亦爲1868年之4倍。故就開港以後臺灣之進口言，是存在著侯繼明所謂西方經濟勢力侵入以後與中國原有經濟秩序並肩成長的共存(co-existence)現象[30]。又由於臺灣本身手工業原不發達，通商口岸開放導致本土手工業被破壞的問題，就1860至1895年間的臺灣而言，並不嚴重。

華洋百貨的進口，不僅是量的增加，也有質的改進。這種量與質的提高，意味著清末臺灣人民的生活水準有所改善，出口茶葉的臺灣北部尤其如此。1880年以前淡水的《英國領事報告》、《海關報告》幾乎年年都會指出北部臺灣人民原多謀生困難者，但因茶園日拓，所得提高，消費增加；可以穿更好的衣料；買得起玉、人參、絲等奢侈品；也由大陸進口磚瓦以蓋華屋等；而北部臺灣亦極少有乞丐存在[31]；1882年是北部臺灣最不景氣的一年，人們也不過是少穿新衣罷了[32]。

30　Chi-ming Ho, *Foreign Investment and Economic Development in China, 1840-1937*（Cambridge: Harvard University Press, 1965), pp. 165-188.

31　《海關報告》，淡水部分，1878，p. 212；1873，p. 99；1876，p. 86；《領事報告》，vol. 11, pp. 371, 585；vol. 12, pp. 104, 364, 716；vol. 13, p. 343.

32　《海關報告》，1882，淡水部分，p. 260.

表5.2 華洋貨進口值比較(1868-1895)

單位：萬海關兩

年代	洋貨 淡水	洋貨 打狗	洋貨 總計	華貨 淡水	華貨 打狗	華貨 總計	(洋貨/華貨)×100
1868	48	57	105	3	8	11	940
69	47	25	122	2	9	11	1,076
70	55	73	129	1	15	16	792
71	67	94	161	3	14	17	930
72	69	88	157	3	8	11	1,389
73	81	84	164	9	6	15	1,108
74	84	103	187	7	7	14	1,342
75	89	112	201	13	7	20	1,003
76	103	118	221	16	10	26	836
77	113	139	251	19	13	32	797
78	114	124	238	24	13	37	642
79	128	158	286	27	20	47	611
80	126	174	301	33	22	56	541
81	137	178	315	36	53	89	355
82	96	139	235	48	27	75	313
83	93	124	217	26	17	42	511
84	99	114	212	24	18	43	498
85	136	119	254	40	21	61	415
86	149	132	281	53	19	72	390
87	157	141	298	67	16	83	361
88	202	124	326	58	14	73	450
89	166	128	294	51	14	66	446
90	175	145	320	47	18	64	496
91	170	129	299	50	20	70	425
92	178	121	299	56	19	75	398
93	214	160	373	95	13	108	347
94	272	188	460	70	15	85	543
95	160	86	246	30	6	36	685

資料來源：《海關報告》，歷年淡水、打狗部分

圖5.2 華洋貨之進口淨值比較（1868-1895）

單位：10萬海關兩

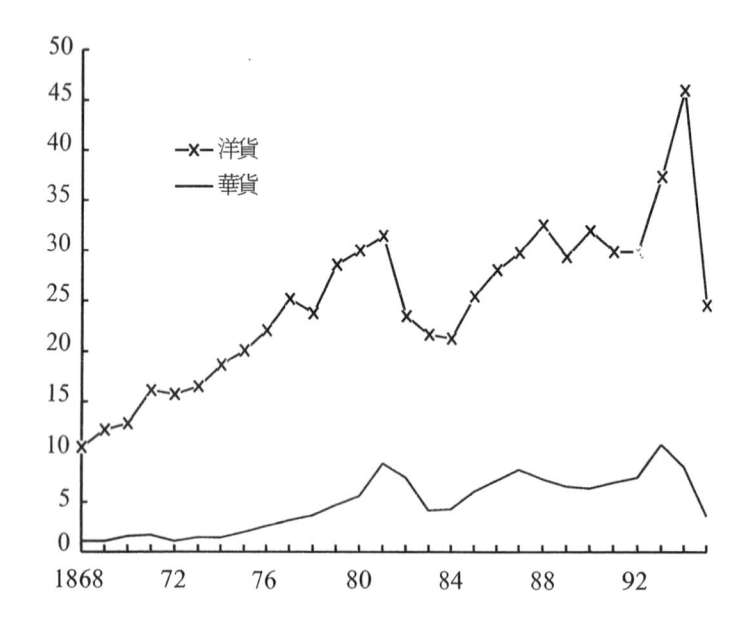

資料來源：表5.2。

在1880年以前，蔗糖業也給南部臺灣帶來繁榮，即使在出口銳減的一年，也不致於使勞動階級生活困苦[33]；1886年糖出口銳減，雖造成人民流離失所，但1887年打狗的《海關報告》又說：

33　《海關報告》，1876，打狗部分，p. 98；1877，打狗部分，p. 177.

糖出口減少，僅使港口區的商人虧損，並未使內地之產糖者受到嚴重打擊[34]。不過在1880年以後，因糖市場範圍的縮小，糖利潤較茶為低，打狗地區借貸制度的不健全，南部臺灣的人民生活反較北部臺灣為苦。

只是1882年北部臺灣茶業較不景氣，就不能買新衣穿，以及清末在臺的外國人常因茶農年年利潤豐厚，卻仍衣著樸素、住屋簡陋而感到訝異[35]，可見建華屋、買玉、買絲仍只是上層階級之炫耀性消費(conspicuous consumption)而已，一般人民的生活水準仍僅足溫飽，並無太多的積蓄。那麼就茶農而言，其獲取的財富究竟何用？這與傳統中國農民的消費習慣有關。馬若孟利用1905年《舊慣會經資報告》的資料算出，一個有兩甲地的茶農，幾乎全部的收入都用在吃上，稍寬裕些的農夫，有44%的收入花在吃上；37%花在拜拜、應酬、冠婚喪祭等禮儀上；穿、住各佔3%、教育佔0.5%、交通佔7%、其他佔5.5%[36]。這種非生產性的消費習慣，與進口的華洋百貨多為消費性用品，而少生產性用品，亦相呼應[37]。

除了這種偏重於非生產性的消費習慣之外，1860至1895年間茶、糖、樟腦為臺灣所賺取的外匯，更因換取大量鴉片，而限制其可能推動臺灣經濟發展的力量。1868至1881年間鴉片進口總值竟佔臺灣進口總值之60-80%，1881年以降，只佔40-60%，而就1868

---

34 《海關報告》，1887，打狗部分，p. 177.

35 《海關報告》，1881，淡水部分，p. 8.

36 R. H. Myers, "Taiwan under Ch'ing Imperial Rule, 1684-1895: The Traditional Society," *Journal of the University of Hong Kong*, vol. V, no. 2(1972), p. 425.

37 歷年海關報告進口項目表。

至1895年合計，亦佔57%（見表5.3）。這種現象誠如1879年淡水的《英國領事報告》所說：「此地開發資源所得，那麼多花在鴉片上，實為一種遺憾。」[38]之所以有如此多的鴉片進口，與臺灣人民之嗜吸鴉片有關。

臺灣人民之鴉片使用量，比照其人口數，據當時的《英國領事報告》說，實超過大陸之鴉片使用量，而使用鴉片者又以中下階層的人為主。他們吸食鴉片不是像上層階級之為了享受，而是要使他們更能忍受一天生活的勞累[39]。臺灣進口的鴉片等級因此也較大陸為低[40]。

開港後外人常拿鴉片來與臺灣的茶、糖、樟腦物物交易。如1879年淡水的《海關報告》，1892年淡水的《英國領事報告》說：「很多茶農賣茶後所得的是鴉片而不是錢。」[41]1883年打狗的《海關報告》說：「南部出口的糖常用鴉片支付。」[42]1871年淡水的《英國領事報告》說：「淡水輸出的茶與樟腦可與輸入的鴉片物物交易。」[43]在這種情形下，人們也就沒有太多的餘款用以改善生活了[44]。

---

38 《領事報告》，vol. 12, p. 364, 1877，淡水部分。
39 《領事報告》，vol. 8, p. 71；vol. 16, p. 523。
40 林滿紅，〈清末臺灣與我國大陸之貿易型態比較(1860-1894)〉，《國立臺灣師範大學歷史學報》，第6期(民國67年5月)，頁229-233。
41 《海關報告》，1879，淡水部分，p. 171；《領事報告》，vol. 18, p. 244, 1892，淡水部分。
42 《海關報告》，1883，打狗部分，p. 262。
43 《領事報告》，vol. 10, p. 242, 1871，淡水部分。
44 《領事報告》，vol. 18, p. 242, 1892，淡水部分。

表5.3 鴉片進口值（1868-1895）

單位：萬海關兩

年代	打狗鴉片進口值	淡水鴉片進口值	鴉片進口總值(A)	臺灣進口總值(B)	A/B(%)
1868	48	38	86	116	74
69	48	48	96	133	72
70	59	42	101	145	70
71	76	52	128	119	72
72	77	58	136	168	81
73	74	63	137	179	77
74	90	69	159	201	79
75	93	55	149	222	67
76	102	66	168	248	68
77	115	72	187	283	66
78	144	104	209	275	76
79	127	83	210	333	63
80	145	82	226	356	63
81	154	93	246	404	61
82	119	60	179	310	58
83	98	51	149	259	57
84	90	60	149	255	59
85	90	71	161	316	51
86	108	77	185	353	53
87	115	76	191	381	50
88	95	73	168	399	42
89	96	89	185	360	51
90	110	88	198	384	52
91	95	82	177	370	48
92	86	80	166	375	44
93	118	94	211	481	44
94	128	105	233	545	43
95	66	50	116	281	41
合計			4,706	8,317	57

資料來源：《海關報告》，歷年淡水、打狗部分。

許多農業國家常由一特殊的產業引導轉入工業國家，該產業產品的出口可換取生產用機器、原料，進而使產業本身生產規模擴大，更帶動整個經濟、社會的改變，該產業因而成為引導部門（leading sector）。如北歐的瑞典，19世紀中葉仍有70%以上的人以農為生，又因1720至1850年間瑞典的人口增為三倍，而土地未以同比例增加，19世紀中葉人民生活水準普遍降低，但因1840年代以後，歐洲市場對瑞典木材的大量需要，瑞典即利用這筆外匯，將木材業的經營方式擴大為工廠工業，銀行、公司等經濟組織也應運而生，至1880年左右，瑞典已轉變成一工業國家[45]。而在清末臺灣，茶、糖、樟腦的出口，雖也帶動像鐵路、茶郊、輪船等具有現代個性的經濟部門的發展，但整個經濟秩序大抵未變，這與茶、糖、樟腦所賺取外匯的使用方式亦不無關係。

　　不過如就開港前後臺灣的生活水平加以比較，開港後仍較開港前高，楊聯陞等寫〈近代中國早期的經濟變遷：一個分析架構〉時曾提出一個假設，說中國在通商口岸開設以後，人民的生活水平降低[46]，就臺灣的個例看來，並非如此。

　　茶、糖、樟腦的出口，除了為整個臺灣的經濟帶來財富以外，也為政府帶來稅收。

　　1888至1894年間，臺灣地區政府的歲入如表5.4所示。其中與

45　E. F. Soderland, "Short-term Economic Fluctuations and the Swedish Timber Industry, 1850-1900," *Journal of Economic History*, vol. XIII, no. 4(1953 Fall), pp. 388-397.

46　John K. Fairbank, Alexander Eckstein, L.S. Yang, "Economic Change in Early Modern China: An Analytic Framework," *Economic Development and Cultural Change*, IX, no.1(Oct. 1960), pp. 1-26.

貿易直接相關的稅收,在1890年以前福建仍提供臺灣府44萬兩協餉時,佔總稅入56.18%;在1890年福建不再提供協餉以後,則佔66.18%。在與貿易有關的稅收之中,尤以關稅最為重要(見表5.4),1863至1895年間臺灣的歷年關稅如表5.5所示。在1863至1887年間,臺灣的每年平均關稅為331,206海關兩,以1海關兩等於1.114兩換算,為386,962兩,而此期田賦為183,366兩;1888年臺灣因清丈土地,平均田賦增為674,468兩或511,969兩,但1888至1895年間臺灣每年關稅為1,084,364兩[47]。田賦一向是中國政府的主要歲入來源,即就18世紀中葉的臺灣而言,以1756年為例,田賦仍佔政府總歲入之57%,臺灣、彰化、淡水等縣尚分別佔74%、86%、74%,但在1863至1895年間,臺灣地區政府的歲入之中,田賦的重要性大為降低,以1889年為例,田賦佔臺灣總稅收比例僅為12%,貿易稅則佔59%,而轉為最主要歲入來源[48]。

貿易是由出口、入口和轉口合組而成。1860至1895年間臺灣之轉口貿易並不重要(其數額見表5.6),故貿易主要由出口和進口所構成。進口又為出口之函數,而出口又以茶、糖、樟腦為大宗,故晚清臺灣茶、糖、樟腦的出口,為此期臺灣地區政府的歲入以貿易為主,且有增加趨勢的主要因素。政府因貿易所增加的歲收,也使清末臺灣得有建省、修鐵路、架設電報等現代化措施。

---

47 周憲文,《清代臺灣經濟史》,及本書表5.4。
48 R. H. Myers, "Taiwan under Ch'ing Imperial Rule, 1684-1895: The Traditional Economy," pp. 516-517.

表5.4 臺灣地區政府歲入總表(1884-1895)

單位：兩

總額4,402,325	
甲：與貿易直接相關者	
海關稅鈔	990,146（1889年資料）
鴉片釐金	446,640（1891年資料）
腦磺盈利	40,000
商務局	400,000
煤務局	400,000
茶釐局	144,000
百貨釐金	75,000（1890年資料）
文口規費	5,000
武口規費	2,500
船鈔	5,923（1889年資料）
合計	2,473,209
佔總額比例	56.18%
乙：其他	
地丁實徵	511,969（1887年清賦數額）
福建協餉	440,000（1890年停止）
鹽課	130,000（1889年資料）
補水秤餘	128,246（隨糧徵收）
抄封叛產	56,500
官莊租息	33,657
城租	8,000
陸餉	10,000
電報局	60,000
郵政局	30,000
伐木局	100,000
金沙局	20,000

資料來源：根據連雅堂，《臺灣通史》，頁276做出。

註：腦磺盈利，據連雅堂，《臺灣通史》，頁250，由400,000兩改為40,000兩。

表5.5　臺灣之關稅收入（1863-1895）

單位：海關兩

年代	關稅	年代	關稅
1863	36,249	1881	538,865
64	111,391	82	572,283
65	94,270	83	491,828
66	106,187	84	508,095
67	117,508	85	525,095
68	120,834	86	536,241
69	140,044	87	872,100
70	178,970	1863-1887合計	8,280,140
71	219,715	1863-1887平均	331,205.6
72	232,890	1888	1,002,590
73	226,207	89	990,148
74	265,452	90	1,045,247
75	276,903	91	1,111,570
76	275,245	92	1,079,101
77	385,886	93	1,090,366
78	406,137	94	1,033,902
79	487,318	95	434,248
80	554,427	1888-1895合計	7,787,172
		1888-1895平均	973,396.5

資料來源：歷年淡水、打狗《海關報告》中關稅收入部分合計，為歷年全臺之關稅收入。

表5.6 打狗、淡水轉口貿易額(1867-1895)

單位：萬海關兩

年代	打狗	淡水
1867	3	2
68	9	—
69	8	—
70	35	—
71	25	—
72	31	2
73	23	4
74	59	2
75	27	1
76	47	0
77	37	2
78	20	5
79	68	0
80	91	2
81	35	3
82	41	4
83	63	3
84	54	2
85	35	4
86	22	3
87	14	6
88	39	7
89	21	3
90	46	6
91	24	5
92	5	2
93	4	3
94	8	20
95	9	11

資料來源：《海關報告》，1881年以後打狗、淡水部分。

第三節　邊區開發、原住民的東移與水土保持問題

　　開港以前，臺灣以米、糖為出口大宗，土地的利用以平原為主，山區雖亦有所開發，但多種些較無經濟價值的作物，如蕃薯、靛藍等。開港以後，茶和樟腦等出口大宗主要產於山區，又不與米、糖爭地，是臺灣邊際土地的一大利用。又因採粗放方式生產，更加速了邊區的拓展。而這種以擴大作業面積來增加產量的生產方式，也表現在甘蔗的種植上，如本書第三章第二節技術一節中指出，蔗糖的單位面積產量由17世紀至19世紀並無改變，那麼蔗糖在開港之後出口量的增加，顯然是作業面積拓展的結果。

　　這些產業的發展雖也使少數的平埔族受益，如樟腦業中即有一些從業者是平埔族，他們也由之獲得相當多的財富[49]，但大致而言，這三個產業的拓展，多少均侵犯了原住民原有的生活領域。蔗田的拓展亦侵犯到原住民住區，如1873年打狗的《英國領事報告》記載：「十年前，住在臺灣府東邊的數百位平埔族，集體帶著家眷遷往東方的山區。」[50]但臺灣南部的這類衝突較不嚴重，如1886年駐臺灣府的英國領事即報告說：「臺灣南部的漢『番』關係採妥協方式，較為友好。」[51]1891年臺南的英國領事也報告說：「臺灣南部的原住民近年來只作亂一次，即1891年恆春的『番』

49　Davidson [1903]蔡譯，頁276。
50　《領事報告》，vol. 11, p. 176, 1873，打狗部分。
51　《領事報告》，vol. 17, p. 459, 1896，臺南部分。

亂,但北部則不若南部幸運。」[52]1878年的《淡水海關報告》記載:「在國際市場對臺茶需要劇增以前,漢人侵犯『番』界的進度很慢,所侵犯的土地也很小,在淡水(指新竹以北地區)、噶瑪蘭(今宜蘭)的若干地區,根本沒看到漢人犯邊的情形,漢『番』界線年復一年無所變更,……但到1878年,艋舺以東兩座1,000-4,000呎的山脈都種上了茶,茶園且南延至彰化地區。」[53]腦業因樟林多在原住民住區,開港以後,其發展移往內山,更是侵犯「番」界的先鋒[54]。即使漢人以和平方式爭取樟林之採伐權,都時有衝突[55],更何況漢人在爭取「番」地時,亦有訴諸武力之舉,如北部茶園拓展,常先由一些擁有300至400人之武力的豪族趕走了原住民,並以每萬棵茶樹抽2,000棵的佣金為條件,保障茶園免於原住民入侵[56]。茶和樟腦的耕作、採集技術極為浪費,腦丁又多好勇鬥狠,亦加速衝突的擴大[57]。

政府為了由茶、腦業爭取財源,也有剿「番」之舉[58]。但不管是民間武力,還是政府的軍隊,都很難對原住民佔絕對的優勢,一則高山區的懸崖峭壁是山地民族的天然堡壘,二則山地民族身

---

52 《領事報告》,vol. 17, p. 459, 1896,臺南部分。
53 《海關報告》,1878,淡水部分,p. 211.
54 Davidson [1903]蔡譯,頁275;《領事報告》, vol. 10, p. 507, 1872,淡水部分;《海關報告》,淡水部分,1868, p. 165;1884, p. 259;1880, p. 195. 蔣師轍,《臺游日記》(光緒18年刊),均曾剖析漢「番」之間因樟腦而起衝突。
55 《海關報告》,1868,淡水,p. 165.
56 《領事報告》,vol. 10, p. 509, 1872,淡水部分。
57 《海關報告》,1878,淡水,p. 210;Davidson [1903]蔡譯,頁261。
58 《領事報告》,vol. 15, p. 383, 1885,淡水部分。

手矯捷很容易躲開漢族的攻擊,三則山區瘴氣很重,瘧疾是漢人的一大剋星,在漢「番」衝突之中,死於瘧疾者較死於受傷者多[59]。因此1891年的《淡水海關報告》說:「臺灣的山地族是任何軍隊也難應付的敵手。他們常爭回兩、三塊土地,許多是樟林,有些是茶園,有一度還將1,000個漢人趕下山,直逼噶瑪蘭城門。」[60]

因此原住民的土地也常經由和平方式取得。原住民在將土地讓售漢人的同時,也就同時遷移。如北部樟林的取得,透過平埔族或客家,向原住民約定在某段時間內繳納多少銀兩或豬、布、火藥、鹽、鳥槍等實物以換取土地。政府對原住民的政策也是安撫多於清剿,每月給原住民銀兩,春秋給予衣裳,節日饗以牛豬酒飯等[61]。南部平埔族以土地作抵押向漢人借錢,借了後無法償還也只好他移[62]。

隨著原住民所住山區的開發,必然會有水土流失的問題,但伊能嘉矩指出一個非常特殊的現象,因為地盤隆起及河川淤積,清末臺灣中南部的河川港口淤淺、溪河壅塞的現象普遍較為嚴重,淡水河相對較能通航,連康熙、雍正年間未構成淡水河支流的大嵙崁溪,到乾隆中葉以後,直至清末既是淡水河支流,又能通航(見圖4.1),原因是乾隆中葉臺北盆地因地震而發生地層下陷。伊能嘉矩並認為當全臺其他河川較為淤積時,而淡水河河運

---

59 《領事報告》,vol. 18, p. 19;vol. 15, p. 668.
60 《海關報告》,1891,淡水部分,p. 338.
61 波越子肅,《新竹廳志》(臺北:臺灣日日新報社,1907),頁177-8。
62 Davidson [1903]蔡譯,p. 275;《領事報告》,vol. 10, p. 507, 1872,淡水部分;《海關報告》,淡水部分,1868, p. 165;1884, p. 259;1880, p. 195. 蔣師轍,《臺游日記》。

仍可與福建省會福州相通,也是將臺灣首府遷到臺北的要因[63]。

第四節　城鎮之繁興

因茶、糖、樟腦業而繁興的城鎮,以大稻埕(今臺北市延平區)最為顯著,因為茶葉的集散與加工,大稻埕崛起為全臺第二大城,其次是一些因樟腦業及茶業而興起的山區城鎮。

大稻埕在1869年《淡水海關報告》的記載中,仍是「艋舺附近的一個小村」[64],而艋舺是北臺灣最大的商業中心,淡水港所有進出口貨全在艋舺集散。但到了1898年,大稻埕的人口已有31,533人,僅次於臺南之有47,283人,而為全臺第二大城;艋舺僅有23,767人,反落於大稻埕之後,而名列第三[65]。

大稻埕崛起的主要關鍵是北臺灣最主要的產品——茶葉,在此加工、集散,其他產品跟著在此集散,所有華人資本、外國資本亦因而聚集於此,是臺灣開港以後所塑造的典型通商口岸都市[66]。

因樟腦與茶而興起的山區城鎮,有大料崁(今桃園縣大溪)、三角湧(今臺北縣三峽)、咸菜甕(又作咸菜硼,今新竹縣關西)、

63　伊能嘉矩,《臺灣文化志》(中譯本),下卷(臺灣省文獻委員會,民國80年),頁493-500。

64　《海關報告》,1869,淡水部分,p. 165.

65　Davidson [1903]蔡譯,頁418。

66　《舊慣會經資報告》,上卷,頁106;《海關報告》,1888,淡水部分,p.292 指出大稻埕因茶葉集散,加工而興,是典型的通商口岸都市;蔣師轍,《臺游日記》,頁64亦指出:「茶皆集於大稻埕,每至夏月,開場列肆,揀別精惡,受僱婦女,千百成群,俗幾與上海類。」

樹杞林(今新竹縣竹東)、貓里(今苗栗)、八份(今苗栗縣大湖)、南庄(在今苗栗縣)、三義河(今苗栗縣三義)、東勢角(今臺中縣東勢)、集集(在今南投縣)、林圯埔(今南投縣竹山)等。

大嵙崁，原為「番」社所在地，乾隆間雖已有漢人入墾，建街屋，但1871年《淡水廳志》所列舉城外(淡水廳包括大甲以北地區)之街，仍無大嵙崁之名[67]，而1898年大嵙崁已有人口4,244人，為全臺第20大的城鎮，1895年且為新設立的南雅廳治及臺北知府分府所在。其於1871年至1895年間崛起的關鍵有三：(1)大嵙崁附近山區為茶和樟腦的產地，腦務稽查總局曾設於此；(2)清領時期大嵙崁乃淡水河河運終點，許多茶與樟腦由此運下[68]；(3)大嵙崁為清末一撫「番」據點，1887年劉銘傳於此設撫墾總局，1894年唐景崧於此設撫「番」理民廳[69]。

三角湧，康熙年間開發，乾隆末年漸成市街，據《桃園廳志》所載，開港以前，三角湧人民以耕田為主業，製炭、抽藤為副業，開港以後，由於1864年英人杜德來此鼓勵種茶，又大量採買樟腦，於是三角湧人民又多了製腦、製茶兩項產業，營業更加活潑[70]。

咸菜甕，據《桃園廳志》記載，道光初年已因製腦業勃興及「番」產物貿易而移居者日多[71]，開港以後，1872年以前仍為一重

---

67 《淡水廳志》(1871)，頁57-64。
68 C. A. Mitchell [1900], Ch. III；Bureau of Productive Industries, *Formosa Oolong Tea* (1904)，未標頁數。
69 《桃園廳志》(1906)，頁65；《大溪志》(1944)，頁134。
70 《桃園廳志》，頁68。
71 同上，頁81。

要樟腦產地，1872年以後則「居民百餘戶，所在皆茶園」[72]，故該鎮之興起與腦業、茶業都有關係。

樹杞林，據《新竹州要覽》及《新竹文獻會通訊》，此地1810年初拓，1843年尚為一農村，1850年左右因上公館、員崠仔盛產樟腦，村落因此殷盛。開港以後，樹杞林仍為重要樟腦集散地之一[73]。

南庄，據《竹南郡案內》記載：「往時為討『番』之策源地，隨之有製材、製腦業興，市街繁榮。」[74]

貓里，據《新竹州要覽》記載：「同治、光緒年間因山地之製腦業興，貓里街(即苗栗)為其集散地，市況日趨繁榮，1887年設苗栗縣」[75]。

八份(大湖)，據《新竹州要覽》記載：「1861年吳定新兄弟至大湖墾地、造腦，因開拓時，僅有腦灶八份(即80鍋)，故以八份為名，1895年日本領臺之時仍稱『八份街』。」[76]

三義河，1842年李騰華等15人合股開墾三義河一帶，墾殖製腦、製材，設隘防「番」，築街道，稱「三義河街」[77]。

東勢角，據《舊慣會經資報告》記載，此地之戶數因製腦者

---

[72]　陳朝龍，《新竹縣採訪冊》(1894年。文叢第145種。臺北：臺銀，民國51年)，頁35。

[73]　《新竹州覽》(1923年)，頁232-233；新竹縣文獻委員會，《新竹文獻會通訊》，第01/2號(1954)，頁5。

[74]　《竹南郡案內》，未標編纂年代、頁數。

[75]　《新竹州要覽》，頁237。

[76]　同上，頁240。

[77]　林士偉，《臺灣省苗栗縣志》(苗栗：臺灣省政府印刷廠，1960)，頁52。

第五章 茶、糖、樟腦業對臺灣經濟、社會的影響

移入突然增加,而據《臺灣產業調查表》記載,在臺灣割日之前東勢角已是重要樟腦集散地[78]。

南投街,據《舊慣會經資報告》記載,此地因有樟腦及其他林產物,商賈細民集來[79]。

集集街,據《舊慣會經資報告》指出,樟腦之盛衰,影響集集之盛衰。臺灣割日以前,有23家商店在此經營腦業,其中也有臺南來的外商[80]。

林圯埔街,清乾隆以降,樟腦採收已多,1896年時有五洋行在此經營腦業[81],臺灣割日前夕,一度為新設立之雲林縣治所在。

可見山區城鎮主要是因腦業、林業、墾業、漢「番」交易而興起,其中若干城鎮亦因茶業發展而更繁榮。至於純粹因茶業而興的山城,應推深坑、石碇,根據臨時臺灣舊慣調查會的調查,1900年時臺灣的茶製造戶數,以深坑、石碇為最多。在全臺共20,129戶當中,深坑有3,176戶,石碇有2,608戶,佔全臺四分之一強[82]。

以上所舉多為山區城鎮,其因茶、腦業而興,也象徵著清末臺灣商業經濟的範圍,隨著茶、腦業拓展到漢人足跡所至的山區,而沒有形成商業開展的條約港腹地與商業不開展的非腹地彼此對立的二元現象。

除了以上山區城鎮因茶、腦業而崛興之外,他如噶瑪蘭(宜

---

78 《舊慣會經資報告》,上卷,頁500;《臺灣產業調查表》(1896),頁141。
79 《舊慣會經資報告》,上卷,頁602。
80 同上。
81 同上,頁615。
82 同上,頁60-62。

蘭)、水返腳(汐止)、錫口(松山)、新埔、中港、新竹、北港、斗六等地,其開發雖早在開港以前,但開港之後,也因其腹地產茶和樟腦而更繁興[83]。

總之,開港之後,臺灣北部因茶和樟腦業的興起有明顯的城市化現象,此亦1723年至1875年當中150年間,大甲溪以北地區,除1810年有噶瑪蘭廳設立之外,一直隸屬於淡水廳,而1875年至1885年的10年間,北部行政區劃曾兩度調整,並增闢許多縣廳的理由[84]。

第五節 社會結構的變動

開港以後,茶、糖、樟腦的生產與出口,普遍為臺灣增加了財富,也創造了新的財富型態。這種財富的增加與新財富型態的塑造,均可能導致社會結構的變動。其所導致的社會結構變動,較明顯者有豪紳及買辦成為社會的新貴,以及漳、粵籍與泉籍移民相對地位的變化。

一、買辦、豪紳的崛起

開港以前,臺灣經濟以種植米、糖及與大陸貿易為主體。社

---

[83] G.L. Mackay, *From Far Formosa*(N.Y., 1896), p. 101;《舊慣會經資報告》,上卷,頁614,617;《臺北廳志》(1919),頁693。

[84] 1875年北部設新竹、淡水兩縣,宜蘭一廳;1885年北部設臺北府,管轄宜蘭、新竹、淡水三縣、基隆一廳,另有苗栗縣歸臺灣府管轄;北部因經濟發展而需新闢縣廳,見《申報臺灣紀事輯錄》(1872,1878,臺銀文叢第247種),頁5。

第五章　茶、糖、樟腦業對臺灣經濟、社會的影響　　　　　　　・175・

會上最有地位的人，也就是地主和從事陸臺貿易的郊商。開港以後，臺灣的貿易對象，由中國大陸擴大而包括外國，貿易品由米、糖轉而有茶、糖、樟腦。由於與外商交易，塑造了買辦人物，由於茶和樟腦的生產，使防「番」的需要更為迫切，擁有武力的豪族亦應運而生。買辦因與外商接觸，洞悉市場行情，常可由受僱於外商轉而自己經營致富，如本書第四章所舉的李春生、陳福謙均屬之；豪族因擁有武力，在取得製茶地、製腦地時，原可優先致富，又因撫「番」以保障茶、腦業，亦為政府所重視，故豪族的武力遂進而為政府所援引，而可獲取官職，如霧峰林朝棟、新竹林汝梅、士林潘永清、苗栗黃南球、板橋林維源等均屬之[85]。

開港前臺灣社會上最有地位的是郊商與地主，就郊商而言，雖然可固守住陸臺貿易，但因其對外商極力杯葛，對與外國之間的貿易較難問津，故其貿易範圍不若與外商合作或敷衍的買辦(如

---

85 霧峰林朝棟事蹟詳見Johanna Menzel Meskill, "The Lins of Wufeng: The Rise of a Taiwanese Gentry Family," in Leonard H. D. Gordon ed., *Taiwan: Studies in Chinese Local History*, pp. 6-22. 林朝棟曾協助劉銘傳平大料崁番之亂，曾獲有樟腦專賣權，官銜為道員；根據《新竹廳志》(1907)，頁506，道員林汝梅曾於1881至1887年間在南庄從事墾業及腦業；根據《大溪誌》(1944)，頁134，1867年潘永清招募屯勇墾民在大溪沿山一帶開墾，降服山胞數十社，利用野生的樟樹製造大批樟腦，銷售國外；而據臺灣省文獻委員會編，《臺灣省通志》，潘永清係1874年所舉的貢生；根據連雅堂，《臺灣通史》，頁1117，苗栗南庄黃南球，因曾率鄉子弟討平番亂，功賞戴藍翎授五品銜，既而請墾南坪大湖、獅潭等處，伐木熬腦，售之海外，產乃日殖；林維源係劉銘傳的撫墾幫辦，其所屬之板橋林家，據Davidson [1903]蔡譯，頁270-271記載，有廣大的茶園放租給茶農。

陳福謙、陳中和)或豪紳(如霧峰林家)大；豪紳、買辦通常也是地主，但致富機會較一般的地主多元化，財富累積的雪球效果也較大。

1905年刊印的《舊慣會經資報告》記載：當時一般中層階級的人，資產約在4,000至10,000元之間，但全臺有50萬元以上資產者，有板橋林本源、臺北李春生、新竹鄭如蘭；中部之阿罩霧(今霧峰)林烈堂(林朝棟堂弟)、林季昌(林朝棟子)、新庄仔吳鸞旂、清水蔡蓮舫；南部之苓雅寮庄陳中和[86]。其中板橋林本源、阿罩霧林烈堂、林季昌為典型之豪紳；臺北李春生、苓雅寮庄陳中和則為買辦，其致富與茶、糖、樟腦業有關，而這些財富也是日據時期臺灣民間企業的重要資金來源。

二、漳粵籍移民與泉籍移民相對地位的變化

根據1928年日本政府在臺所作調查，臺灣各籍移民分布情況如圖5.3。由圖5.3可見粵籍主要分布於中壢至東勢一帶的丘陵地區，其次是屏東平原東側近山處及臺東縱谷。臺東縱谷之粵籍乃日據以後移入，故晚清粵籍分布地主要是北部丘陵臺地區及南部屏東平原近山處，據前人研究，前者之人口為後者之4倍[87]。

粵籍居住山區的原因，一般均以為是「閩人先至，多居近海，粵人後至，乃宅山陬」[88]；粵人之所以後閩人而至，乃因協助清朝打下臺灣的施琅認為「惠潮之民多與鄭氏相通」[89]，故在清廷領臺

86　《舊慣會經資報告》，下卷，頁516。
87　連文希，〈客家之南遷東移及其人口的流佈〉，《臺灣文獻》，23卷4期。
88　連雅堂，《臺灣通史》，頁143。
89　同上，頁68。

之際,陸臺之間海禁雖除,仍禁粵籍移臺。事實上,由惠潮之民多與鄭氏相通,亦可知鄭氏時期臺灣已有粵籍,而據戴維森言,粵籍乃最早移入臺灣者[90],故不能泛言粵籍移臺後於閩籍,只能說大部分粵籍移民來臺,多在乾隆解禁之後,較大舉隨鄭氏來臺之泉籍、隨施琅來臺之漳籍為晚。

也因有些粵籍來臺較閩籍為早,其移臺初期未必即據山區,最後之所以分布於山區乃因人數少,不敵泉、漳籍侵併。據1901年日本政府調查,閩人有228萬,粵人只有39萬,在此人數極為懸殊的情況下,粵籍只有漸退入山區[91]。

開港以前,臺灣經濟既以米、糖種植和貿易為主,山區的經濟價值較小,故「粵莊多近山而貧」[92];其在社會中的地位亦較主要分布於近海平原的閩籍為低。以清代衡量社會地位之一標準——科舉而言,閩籍於1687年(康熙26年)即可參加科考,粵籍則至1741年(乾隆6年)始得參加[93],自1741年粵籍有考試權之後,直至1819年(嘉慶24年)才中一舉人,1828年(道光28年)清廷又准於閩籍中舉額3名之外,另闢1名粵籍中舉額[94],可見粵籍之地位已漸隨嘉道以降的開山活動而逐漸提高。而開港以後茶和樟腦的生產,

---

90　Davidson [1903]蔡譯,頁6。

91　如筆者在新莊調查古蹟時,曾發現有一破敗不堪的三山國王廟,三山國王係粵籍之鄉土神,此廟建於嘉慶以前,表示新莊在嘉慶以前曾有粵籍居住,其所以破敗不堪,乃因信徒已經由此臺北盆地之一隅南移桃竹苗一帶。

92　吳子光,《臺灣紀事(一肚皮集)》,頁79。

93　《明清史料戊編》,頁55-57。

94　《清會典臺灣事例》(1899,文叢第226種。臺北:臺銀,民國55年)。

使山區，尤其是粵籍主要分布的桃竹苗等山區大舉開發，自然也有助粵籍社會地位的提升。

由於樟腦製造原料必取之於原住民，而粵籍因近山而居，與原住民已建立良好關係，常可優先取得製腦權，閩人欲求得製腦權，亦多須由粵籍中介，而防衛腦業、茶業的山區隘勇，亦以原已住山區的粵籍較能勝任[95]。前節所舉開港以後新興的城鎮，如咸菜甕、樹杞林、苗栗、東勢、三義、南庄等盡為粵莊。由圖5.3可知，泉籍除安溪人分布於七堵至三峽、高雄至旗山等山區之外，全分布於西海岸之平原。漳籍則分布於宜蘭、基隆、桃園等地及臺中以南之泉籍與粵籍的中間地區，其中南投、彰化、臺南部分亦較近山。泉、漳籍如此分布，亦因漳籍來臺較晚使然，而在臺灣早期歷史當中，漳籍地位亦較泉籍為低，如十八世紀末的林爽文之亂，即漳籍對政府偏袒泉籍之抗議。又如泉漳分布較為平均之彰化地區而言，在1832年所修之《彰化縣志》中，所列中舉名單盡為泉籍，無一為漳籍[96]，但晚清崛起之臺灣兩大豪族──板橋林家與霧峰林家則盡為漳籍，可見晚清茶業及樟腦業所推動的開山撫「番」活動，亦為漳籍社會地位提升的一個推力。清末臺灣增產的茶與樟腦當中，茶與泉籍的關係較為密切。在大稻埕的茶葉加工者，在新店至三峽地區的種茶者，均以泉人居多，其中尤多是安溪人。故清末臺灣茶和樟腦的增產固然普遍為各籍的人帶來

95　Le Gendre C.W 作，周學譜譯，〈廈門與臺灣〉，《臺灣經濟史第九集》（臺北：臺銀，民國52年），頁138-175。

96　周璽，《彰化縣志》（1832年，臺銀文叢第156種。臺北：臺銀，民國51年）。

圖5.3　臺灣各籍移民分布圖

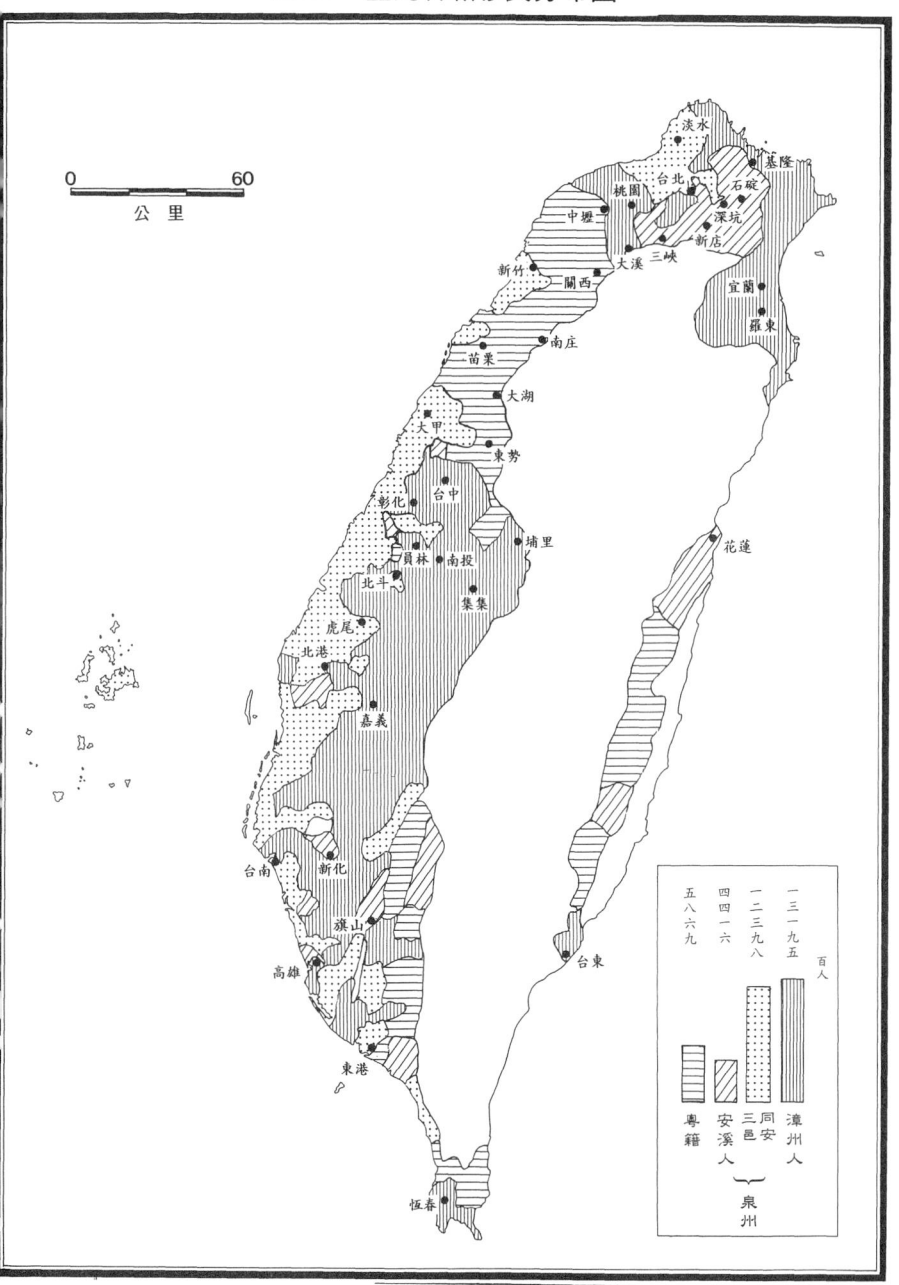

資料來源：《臺灣各籍漢民族鄉貫別調查表》（臺北，1928）。

財富,但粵、漳籍與泉籍中之安溪人受惠尤多。對清初社會地位較低之粵、漳籍而言,更有助於縮短其與泉籍之間的地位差距。

第六節 臺灣歷史重心之北移

1868至1895年間,臺灣南北貿易額之比較如表5.7及圖5.4所示[97]。表5.7及圖5.4顯示了1880年以前,南部貿易額多於北部,1871年以前且為北部之兩倍。但由於北部貿易額增加率高於南部,故在1880年左右,北部貿易額已趕過南部,1885至1895年間,北部貿易額反而成為南部之兩倍[98]。由於臺灣是一高度仰賴貿易之經濟體系,由臺灣南北對外貿易地位之逆轉,亦可看出臺灣南北相對經濟地位轉變之一面向。就這一面向而言,臺灣歷史重心的北移,主要發生在1860年至1895年這段期間,1880年尤為轉捩點。

貿易雖包括進口與出口,但進口常為出口之函數,故出口值的增減,實為貿易額增減的主要關鍵。在1868至1895年間,茶出口總值佔同期臺灣北部的出口總值90%,樟腦佔5%(煤次之,佔3%,見表5.8);而同期糖出口總值佔南部出口總值之89%(見表5.9),可見南北貿易額之比較,無異於北部茶、樟腦與南部糖出口

---

97 表5.7,圖5.4係淡水、打狗之貿易額,因淡水、打狗之腹地以鹿港、彰化為界,故本節以鹿港、彰化劃分南、北臺灣。

98 表5.7所根據資料均只是外船載運進出口貨的貿易額,但如本書第四章運輸部分指出:民帆乘載的對外國貿易額,開港之後逐漸沒落,由外船載運進出口貨的貿易額已可看出貿易之一斑;《領事報告》,vol. 17, p. 647, 1892,臺南部分也記載說:「六年來,民帆貿易稍增,但其增加數量不足以說明外船貿易額之衰減。」

值之間的競爭(見圖5.5)。

表5.7 淡水、打狗貿易淨值比較(1868-1895)

單位：萬海關兩

年代	淡水	打狗	$\dfrac{打狗貿易淨值}{淡水貿易淨值} \times 100$
1868	78	126	162
69	73	158	216
70	96	214	223
71	121	227	188
72	149	216	145
73	144	183	127
74	152	230	151
75	175	228	130
76	241	270	112
77	275	284	103
78	304	249	82
79	363	382	105
80	391	455	116
81	414	412	100
82	398	317	80
83	354	317	90
84	363	308	85
85	450	248	55
86	540	258	48
87	560	276	49
88	567	286	50
89	527	275	52
90	552	358	65
91	530	313	59
92	577	293	51
93	785	330	42
94	831	439	53
95	378	246	65

資料來源：《海關報告》，歷年淡水、打狗部分。

圖5.4 淡水、打狗貿易淨值比較(1868-1895)

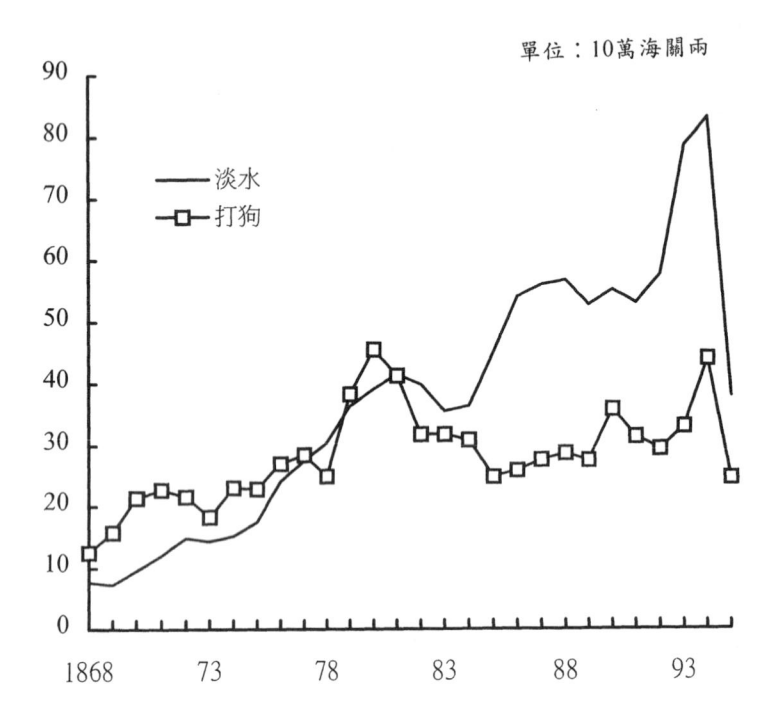

單位：10萬海關兩

資料來源：表5.7。

　　雖然北部臺灣大致已於康、雍、乾三代開拓，即使其中最晚開拓的宜蘭地區也在嘉慶年間開墾[99]；但根據開港初期外人對北部臺灣的觀感可知，直至開港之初，北部仍是人口少，資金也少，

99　周憲文，《清代臺灣經濟史》(1957)，頁15-16。

商業經濟不甚發達的地方[100]。北部地形多山，因其少有市場所需之資源，多未開發。同時，開港以前，較爲市場所需的米、糖，除了臺北至新竹間狹長的海岸平原及臺北盆地、宜蘭平原出產之外，主要仍以平原較多的中南部爲生產的重心。這也是開港以前，臺灣經濟重心在南部的重要理由。

圖5.5　茶、糖、樟腦出口值比較（1868-1895）

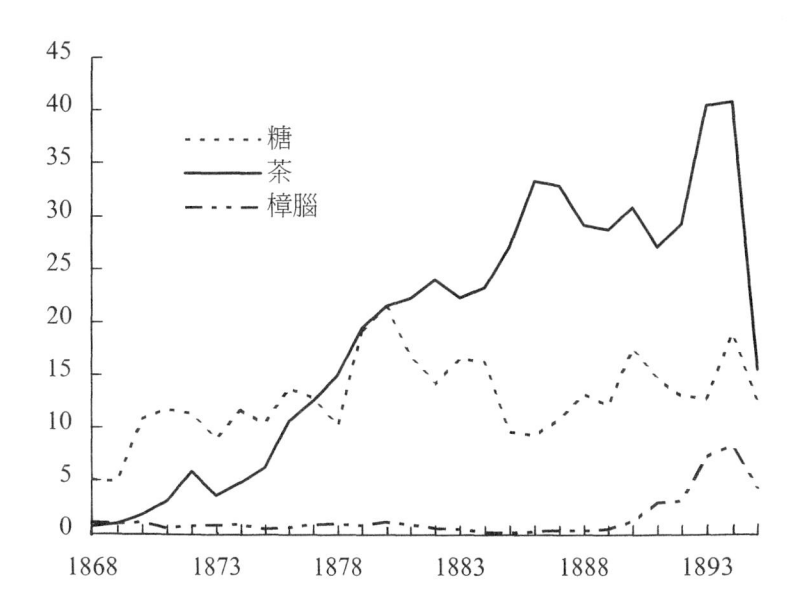

資料來源：表1.1。

100　《海關報告》，1867，淡水部分，pp.73-74；《領事報告》，vol.6, pp.217-218, 1863，臺灣府部分。

表5.8　茶、樟腦的出口值佔淡水出口值之百分比

年代		1868	69	70	71	72	73	74	75	76	77	78	79	80	81	82	83
百分比	茶	24	37	44	59	76	65	78	85	87	88	90	93	93	93	95	95
	樟腦	35	33	32	9	8	13	13	5	4	6	5	4	3	4	2	2
年代		84	85	86	87	88	89	90	91	92	93	94	95	1868-1895			
百分比	茶	97	99	44	59	76	65	78	85	87	88	90	93	90			
	樟腦	0	0	0	1	1	1	3	8	7	13	13	14	5			

資料來源：淡水出口值取自表5.1，茶、樟腦出口值取自表1.1。

表5.9　糖出口值佔打狗出口值之百分比

年代	1868	69	70	71	72	73	74	75	76	77	78	79	80	81	82	83
百分比	83	66	86	90	95	95	97	96	95	91	91	94	84	96	94	93
年代	84	85	86	87	88	89	90	91	92	93	94	95	1868-1895			
百分比	95	89	87	89	89	91	90	85	81	80	81		89			

資料來源：打狗出口值取自表5.1，糖出口值取自表1.1。

開港以後，由於市場對茶和樟腦的大量需要，使臺灣北部山區得以大舉開發，北部經濟就一年好似一年。1893年，正值全球經濟蕭條，但該年的《淡水海關報告》仍說：「幸運之神沒有比今年更照顧北部臺灣了。」[101]而南部的情形，卻如1889年臺南的《英國領事報告》所說：「臺灣南部比其他口岸更令外商失望，

101　《海關報告》，1893，淡水部分，p.351.

原是一個極為富庶的地區，卻無任何發展的跡象。出口一年少似一年，一直到今天，貿易仍和25年前開港之時相同，進口以鴉片為主，出口以糖為主。雖然這兩項貿易品的貿易額，在過去幾年中年有增加，但到六年前似乎已達到上限。從那年以後，貿易一直是停滯的」[102]；貿易的停滯，加上政府徵收釐金，1886年，南部人民由於不勝負荷，有20-30%的人口甚至棄地而逃[103]。開港以後，南部經濟以糖為主，北部經濟以茶、樟腦為主，三者同為此期臺灣之出口大宗。然而，仰賴糖業的南部臺灣經濟衰頹，仰賴茶和樟腦業的北部臺灣經濟則甚富庶，其最浮顯的因素是糖業的利潤低，茶和樟腦的利潤較高；更深層的因素則又如前所述與茶、糖、樟腦三項產業之市場結構，生產及產銷組織的差異有關。

就市場結構而言，糖屬完全競爭市場，價格較接近單位成本，且1880年左右，世界其他地區已大量產糖，使臺糖的歐美澳市場關閉，對臺糖是一大打擊。茶與樟腦的市場較具不完全競爭性質，市場競爭小，價格可隨市場需要而上揚。

就生產而言，糖業產區開發已久，地力漸失，報酬遞減的現象較為明顯；其生產技術就當時的世界水準看來，又屬落伍，導致糖的生產成本偏高。糖價既決定於成本，其生產成本又較其他產區為高，故糖業利潤頗為微薄。

就產銷組織與運輸而言，茶及樟腦業優於糖業者有下列數端：(1)打狗區之糖業高利貸制度已發展成為一種社會病態，同時其佃農制也較茶、樟腦業盛行。這兩種制度均易導致南部臺灣(主

---

102 《領事報告》，vol. 16, p.587, 1889，臺南部分。
103 同上，vol. 18, p.403, 1893，臺南部分。

要指打狗區)的人民缺乏引進新技術的動機。(2)比較糖業的同業公會與茶業公會,前者不如後者的專業化,因此前者在健全本身產業方面,便不若後者能夠勝任。(3)政府對糖業的倡導改善工作遠不如其對茶和樟腦業的積極。(4)北部使用輪船為運輸茶及樟腦出口的工具,較南部以輪船載運糖出口早了十多年。(5)北部使用鐵路時,南部仍靠牛車承載。牛車所經道路,晴天滿是灰塵,雨天則泥濘不堪,運輸工具的落後更提高蔗糖的成本。

上述糖業利潤較低之因素,除了政府對各產業的態度不同之外,均屬產業本身營運的問題。

此外,政府如下的三項措施,更加速了臺灣歷史重心的北移:

1.1886年劉銘傳為籌措建省經費,加課百貨釐金,並進行土地清丈。糖原未課釐,而北部的茶和樟腦原已課釐金;樟腦不需課土地稅,茶園多在山地,土地稅較產糖的平地為輕。故受此次政府增稅打擊最深的就是糖業[104]。

2.劉銘傳撫臺期間所從事的近代化措施,如建鐵路、架設電報、開礦等,南部除了電報外,均未分享[105]。究其原因有二:(1)政治上,與巡撫劉銘傳和兵備道劉璈之爭有關[106];(2)經濟上,與

---

104 《海關報告》,1886,淡水部分,p.265謂茶、腦業早已課釐,不受1886年課釐影響。

105 《海關報告》,vol. 18, p.598, 1893,臺灣部分。

106 有關二劉之爭的史事,參考:(1) Huang Hsiao-ping, "The Conflict Between Liu Ao & Liu Ming-Ch'uan and the Sino-French War in Taiwan," in *Historical Research, National Taiwan Normal University* (《師大歷史學報》), no.1(Jan. 1973), pp. 277-288. (2)史威廉、王世慶,〈劉璈事蹟〉,《臺北文獻》,直字第33期(1976),頁89-100。其相爭的情形如下:劉璈是劉銘傳來臺之前的全臺最高長官—臺

第五章 茶、糖、樟腦業對臺灣經濟、社會的影響

北部茶、樟腦及礦產資源的開發有關。例如，北部鐵路的舖設，除國防目的之外，如前所述，也是為了便利茶葉的出口。

3.1887年，劉銘傳設巡撫衙門於臺北，也使臺灣的政治中心從南部移到北部。此一轉折和茶業和樟腦業的關聯，由劉銘傳的奏摺可知端倪：「全臺物產，餉源所繫，實以茶、鹽、樟腦為大宗。鹽釐各局，臺北較多。臺南，陸路則阻大溪，水程則須泛海，公牘往返，動逾旬時，自係鞭長莫及。」[107]北部的稅入因茶、樟腦等的出口而凌駕南部，是劉銘傳將政治中心北移的重要因素。

經濟重心或歷史重心有多種衡量標準，就人口的分布而言，根據陳紹馨的統計，1811年時，涵蓋臺灣北部的淡水廳與噶瑪蘭廳，人口佔全臺人口比例為13.26%，遠遠比不上中部之佔29.5%及南部之佔42.7%。至1893年涵蓋臺灣北部的臺北府(包括淡水縣、宜蘭縣、基隆廳)，其人口佔全臺人口比例雖已增為25.82%，但仍不如包括安平縣、嘉義縣、鳳山縣、恆春縣、澎湖廳之臺南府之

(接前頁)

灣兵備道。在臺期間，開山撫番，整頓煤務、防務、鹽務等卓有政績，深受南部人擁戴。1884至1885年間，法軍侵臺，劉銘傳受命來臺與劉璈共同禦敵，劉銘傳有統籌全局之權。因劉銘傳、劉璈分屬當時清廷之中互相水火的李鴻章派及左宗棠派，彼此並不能並肩作戰。抗法期間，劉璈不接濟劉銘傳兵餉；法軍攻臺，以淡水、基隆為主要攻擊目標，劉銘傳以兵少不足以防衛兩地，而淡水乃臺北門戶，遂棄基隆而守淡水，終於致勝。但劉璈則向朝廷彈劾劉銘傳棄守基隆之不是；劉銘傳戰勝猶遭彈劾，乃將劉璈在戰中掣肘及貪污諸事上奏朝廷，劉璈終遭撤職；劉璈既深得南部人敬愛，劉璈之撤職亦導致南部人對劉銘傳之不滿。劉銘傳於法軍封鎖之後，緊接著就給南部課釐，與此恩怨不無關聯。

107 劉銘傳，《劉壯肅公奏議》，臺灣文獻叢刊第二七號，卷三，保臺，恭報到臺日期並籌辦臺北防務，頁166。

佔44.45%，或包括臺灣縣、彰化縣、雲林縣、苗栗縣、埔里廳之臺灣府之佔29.53%[108]。經過整個日領到光復以後，臺北市的人口雖越來越趕上臺南[109]，但一直到1950年，臺北市、縣的人口才領先臺南市、縣之上[110]。這除了大量大陸人口於1945至1949年間移入臺北市之外，臺北由清末以來越來越成為臺灣歷史的重心當然也是重要的人口拉力。而這整個臺灣歷史重心的北移，卻可追溯至清朝末年北部臺灣因為出口茶和樟腦，使其對外貿易值凌駕南部，又因對外貿易係為晚清在臺政府之主要稅源，臺灣北部反為政府之「餉源所繫」。故在臺灣歷史重心北移的過程當中，晚清時期北部臺灣的茶業與樟腦業，及南部臺灣的糖業，其彼此間的消長關係，實居極關鍵性的地位。

---

108 《臺灣省通志稿》，卷2，〈人民志‧人口篇〉，頁161。
109 見臺灣省文獻委員會，《臺灣省通志》，卷2，〈人民志‧人口篇〉，第3冊，頁1366-1400；頁1976-1989，2010-2016。
110 《臺灣省通志》，頁2146-2150。

第六章
結　論

　　本書第二、三、四章曾分析晚清臺灣茶、糖、樟腦業的出口市場、生產技術及產銷組織，由這三章可看出這三項產業的產銷特色如下：

　　(一)茶業和樟腦業主要分布於彰化以北的地區，糖業則主要分布於彰化以南；而在晚清臺灣，彰化可爲劃分南北部臺灣的分界線。

　　(二)茶業和樟腦業所處的市場結構屬不完全競爭型態，糖業則屬完全競爭型態。前種市場型態使茶價、腦價可隨市場需要的增加而上揚，而後種市場型態使糖價在長期趨勢中趨於單位成本。

　　(三)茶、糖、樟腦在開港之後，出口量與價格均有所增漲，其中尤以茶增漲最多。影響出口量、出口價格增漲的因素，除市場需要擴大以外，就價格增漲而言，亦受銀價貶值影響。

　　(四)茶、糖、樟腦的生產技術，在耕作或採伐方面，均採取

多用土地、少用勞力及資本的粗放經營方式；在加工方面，均屬於勞力密集的工場手工業。其技術若與當時世界上同一產品的生產方式比較，糖相對地最爲落後。

(五)茶、糖、樟腦業的土地所有型態，茶業多自耕農，糖業多佃農，樟腦業的土地所有型態較不明確。

(六)茶、糖、樟腦的產銷過程中均有許多中間商人，但打狗區糖業的出口商可以控制由生產到外國市場間的每一產銷單元。

(七)茶、糖、樟腦業的資金來源之一是產品購買者的預付款。這種預付款制度易造成債務人之壞帳及債權人之高利剝削。這種弊端，在三項產業之中，以打狗區糖業最爲顯著，而這種弊端也影響到打狗區蔗農改善其經營方式的動機，而有礙於新技術的引進。

(八)茶、糖、樟腦的島內運輸工具，茶和樟腦以肩挑、舟筏爲主，1893年之後，鐵路也承擔部分的運輸工作；糖以牛車、舟筏爲主。出口的運輸工具，茶、糖、樟腦均以外船爲主，茶和樟腦於1875年且由外國式帆船改用輪船，糖之使用輪船，則遲至1887年。

(九)茶、糖、樟腦業之中，只有茶、糖業有同業公會，均稱爲「郊」，但茶郊與糖郊有所不同，前者爲純粹的同業公會，不若糖郊之有時亦兼理運輸。茶郊較以健全茶業本身爲主要功能，糖郊則亦涉及宗教、社會、文化、政治等事務，爲高度功能普化的一個組織。

(十)政府在三項產業之中所扮演的角色，在1870年代以前，只有消極的課稅，在1870年代以後漸有所提倡，但較偏重茶及樟

腦業。

（十一）茶及樟腦業的利潤雖較糖業爲高，但糖業的土地、勞力、資金等生產要素，並無明顯的轉移到茶或樟腦業的現象，或因交通隔絕，遷移成本高，技術難以轉移，風險的考慮，以及人民安土重遷的心理等因素所使然。

臺灣的茶、糖、樟腦之於1860年以後大量出口，原是通商口岸開放的結果，而茶、糖、樟腦業也是晚清臺灣與西方經濟力量最直接接觸的一環。由茶、糖、樟腦的產銷，可看出西方經濟力量對1860至1895年間臺灣經濟和社會的影響。就對傳統經濟秩序的影響而言，大抵可分如下幾點說明：

（1）在商權方面，由於市場多由外商所開拓，所以茶、糖、樟腦業在市場初拓時，主要商權均操於外人手中。但國人因本身也有優越的經商能力，生活節儉，經營成本較低，在自己的鄉土經營產業，較外人之在他鄉異域經營機動性高等因素，很快就跟進且利用外人所開拓的市場，並掌握住商權。茶、糖、樟腦業中的本國資本包括大陸資本，本地資本，或兼爲大陸資本及本地資本的買辦資本。

（2）在加工技術方面，外人雖幾次嘗試改變茶、糖、樟腦的生產方式，除劉銘傳之引進茶和樟腦之新生產技術之外，均未成功。原因是：1. 國人唯恐使用新技術，會喪失產品原有之特質，進而喪失既有之市場；2. 恐怕新技術的採用會使原生產方式的從業人口失業；3. 市場情況尚稱順遂，未遑顧及技術提升；4. 糖市場由擴張而緊縮，減抑改進技術的動機。

（3）在運輸方面，外船因運費低廉，速度快，有保險，成爲茶、

糖、樟腦出口的主要運輸工具。至於島內運輸的改進，外人除了在鐵路修築時提供技術之外，均未參與。

（4）傳統手工業受破壞的問題，就中國大陸而言，學者雖尚無定論，不過至少就臺灣而言，因臺灣本身的手工業並不發達，此一問題並不嚴重。

（5）雙元經濟的問題，在大陸上時常發生條約港與腹地脫節的雙元經濟(dual economy)現象。就臺灣而言，因幅員狹小，條約港開放緊跟著就將臺灣的邊區納入市場經濟的範疇，所以此一現象亦不顯著。

因此開港之後，臺灣的傳統經濟秩序並未因此而發生很大的破壞或轉變。開港對臺灣的影響主要是臺灣的貿易範圍因而擴大下的結果。由於茶、糖、樟腦為出口的大宗，因此，由茶、糖、樟腦業對臺灣社會經濟之影響，亦可看出開港之後貿易範圍擴大對臺灣經濟、社會之影響。1860至1895年間，茶、糖、樟腦等三項產業對臺灣經濟、社會的影響有如下幾點：

（一）在1860年以前，臺灣經濟以米、糖生產為主，適合米、糖種植的平原大致已於1800年左右開發殆盡，而1800至1860年間，臺灣的人口仍然增加，1860年以後，若無新產業興起，臺灣本身在可利用土地有限，人口增加的情況之下，必有人口壓力形成，而1860年以後茶、糖、樟腦的增產正可緩和這一人口壓力，並進而扶養了陸續由大陸來臺之移民。在這三項產業之中，因採茶需大量勞工，茶業之人口扶養力最高。

（二）在1860年以前，臺灣一直以米、糖易取大陸的日常用品，臺灣本身的日用品手工業並不發達。1860年以後，臺灣的日用品

第六章　結論

手工業依然並不發達，米雖仍然出口，已非大宗；茶、糖、樟腦的增產，正可增添對外易取生活所需的憑藉。而其1860年以後的出口，一般而言是提高了人民的生活水準。

(三)臺灣地區的政府稅收，在十八世紀時，仍以田賦為主，1860年以後，則以關稅與釐金為主。茶、糖、樟腦出口在關稅與釐金方面，為政府所增加的稅收與其為人民所增加的財富一樣，同為臺灣近代化之動力。惟因茶、糖、樟腦用來易取太多的鴉片，而使其推動經濟發展的力量受到限制。

(四)在1860年以前，臺灣因以米、糖生產為主，適合米、糖種植的土地多為平原，故1860年以前的山區，僅能種些經濟價值不大的作物如蕃薯、靛藍等。1860年以後，山區因可種植或採伐經濟價值極大的茶和樟樹，使臺灣的山區得以利用，是臺灣開發史之一契機。由於山區的大舉開發雖可能造成水土保持的問題，但因乾隆中葉臺北盆地地層下陷，相對臺灣其他河川之明顯淤積，淡水河反而河運較為暢通。但邊區的開發多少威脅到原住民的生活領域，並造成漢「番」衝突。

(五)由於大陸各籍移民來臺時，分布情況大抵是泉籍近海，粵籍近山，漳籍介於其間。1860年以前，臺灣的經濟既以米、糖的生產及貿易為主，近海的泉人社會地位較高；但1860年以後，山區的經濟價值因茶、腦業而提高，亦有助於縮短這種籍貫別社會地位的差距。

(六)1860年以前，臺灣的經濟以米、糖生產及貿易為主，社會上最有權勢的人物是地主及郊商。1860年以後，由於對外貿易的拓展，塑造了買辦人物，因其直接與外商接觸，最易於激起民

族主義,也最能夠熟悉市場行情,常能自己創業致富。1860年以後,由於茶和樟腦的增產,增加了撫「番」的需要,使原來擁有武力的豪紳,一面可由協助政府撫「番」而取得權位,一面可優先取得茶和樟腦業的經營權而致富,也因此這種豪紳雖出身地主,但其地位較一般地主為高。至於郊商,因對外商杯葛,雖能固守著自己原有的貿易範圍,但此範圍較買辦為小。故開港後豪紳與買辦反成突出於地主及郊商的社會新貴。

(七)1860年以前,臺灣經濟既以米、糖為主,米、糖又為貿易之憑藉,而適合米、糖種植之平原又主要分布於南部,北部除臺北至新竹間狹窄的海岸平原及臺北盆地、宜蘭平原可種植稻米之外,均為山區。這些山區既未生產米、糖,則缺乏大幅拓展市場經濟之憑藉。1860年以後,北部山區既可用來生產茶和樟腦等出口大宗,這部分的臺灣邊區也就顯著納入市場經濟的範疇。

(八)1860年以前臺灣的歷史重心一直是在南部。1887年臺灣新設省的巡撫衙門設於臺北,是臺灣歷史重心北移的重要指標。據將巡撫衙門設於臺北的首任臺灣巡撫劉銘傳指出,此一北移與臺灣的財稅收入轉而主要來自臺灣北部有關。晚清時期,臺灣的財稅結構由以田賦為主轉而以貿易方面的稅收為主。就1868至1895年間臺灣南北的對外貿易額加以比較,1880年以前,南部貿易額多於北部,1871年以前且為北部之兩倍;但由於北部貿易額比南部快速增加,故在1880年左右,北部貿易額已趕過南部,1885至1895年間,北部貿易額反而成為南部之兩倍。貿易雖包括進口與出口,但進口常為出口之函數,故出口值的增減,實為貿易額增減的主要關鍵。在1868至1895年間,臺灣北部的出口值

中，茶出口總值佔90%，樟腦佔5%（煤次之，佔3%）；而同期糖出口總值佔南部出口總值之89%，可見南北貿易額之比較，無異於北部茶、樟腦與南部糖出口值之間的競爭。1860年以前臺灣的經濟以米、糖的生產為主，適合米、糖生產的平原又以南部居多，臺灣的歷史重心也因而一直在南部。1860年以後，北部生產茶和樟腦以供出口，茶和樟腦與南部主要出口的糖，又因市場結構、經營方式的差異，導致茶和樟腦的利潤高於糖的利潤。這種利潤的懸殊，終於造成北部臺灣的財富較南部快速增加。也因此，在臺灣歷史重心北移的過程當中，臺灣北部的茶業與樟腦業相對於臺灣南部的糖業，其彼此間的消長關係，實居關鍵性的地位。

徵引書目

一、中日文部分（依編著者姓氏筆劃為序）

1. 中央研究院歷史語言研究所，《明清史料戊編》（臺北：中央研究院歷史語言研究所，民國52年）。
2. 方豪，〈臺南之「郊」〉，《大陸雜誌》，第44卷第4期（臺北，民國61年）。
3. 方豪，〈臺灣行郊研究導言與臺北之「郊」〉，《東方雜誌》，總刊第5卷第12期（臺北，民國61年）。
4. 方豪，〈光緒甲午等年仗輪局信稿所見之臺灣行郊〉，《國立政治大學學報》，第24期（臺北，民國60年）。
5. 方豪，〈鹿港之「郊」〉，《現代學苑》，第9卷第3期（臺北，民國61年）。

6. 方豪,〈新竹之「郊」〉,《中國歷史學會史學集刊》, 第4期(民國61年)。

7. 方豪,〈澎湖北港新港宜蘭之「郊」〉,《現代學苑》,第9卷第78期(民國61年)。

8. 王瑛曾,《重修鳳山縣志》(1764 [乾隆29年] 刊, 臺灣文獻叢刊 [以下簡稱「文叢」] 第146種。臺北:臺灣銀行經濟研究室 [以下簡稱「臺銀」], 民國51年)。

9. 史威廉・王世慶,〈劉璈事蹟〉,《臺北文獻》,直字第33期(臺北:臺灣市文獻委員會,民國65年),頁89-100。

10. 臺灣省文獻委員會,《臺灣省通志稿》,卷2,〈人民志・人口篇〉(民國45年)。

11. 臺灣銀行經濟研究室,《臺灣之樟腦》(臺灣特產叢刊 [以下簡稱「特叢」] 第10種。臺北:臺銀,民國41年)。

12. 臺灣銀行經濟研究室,《臺灣縣志》(1720 [康熙59年] 刊, 文叢第103種。臺北:臺銀,民國50年)。

13. 臺灣銀行經濟研究室,《淡新檔案選錄行政篇初集》(1796-1895[嘉慶元年至光緒21年])(文叢第295種。臺北:臺銀,民國60年)。

14. 臺灣銀行經濟研究室,《清季申報臺灣紀事》(1872-1878 [同治10年至光緒4年])(文叢第247種。臺北:臺銀,民國57年)。

15. 臺灣銀行經濟研究室,《清會典臺灣事例》(1899[光緒25年]刊)(文叢第226種。臺北:臺銀,民國55年)。

16. 臺灣銀行經濟研究室,《劉銘傳撫臺前後檔案》(1885-1891[光緒11年至光緒17年])(文叢第276種。臺北:臺銀,民國58年)。
17. 臺灣總督府民政局殖產部,《臺灣產業調查表》(東京:金城書院,1896[明治29年]刊)。
18. 臺灣總督府官房調查課,《臺灣在籍漢民族鄉貫別調查》(臺北,1928[昭和3年])。
19. 臺灣總督府專賣局,《臺灣總督府專賣局事業第5年報》(臺北,1908[明治42年])。
20. 臺灣總督府專賣局,《專賣局臺灣語典第二篇腦務》(臺北,1923[大正12年])。
21. 吉田道定,《中和庄誌》(臺北:共榮社,1932[昭和7年])。
22. 竹南郡,《竹南郡案內》(未標出版年代)。
23. 伊能嘉矩,《臺灣文化志》(1928[昭和3年]成書。東京:刀江書院,昭和40[1951]),江慶林等譯(臺灣省文獻委員會,民國80年)。
24. 吳子光,《臺灣紀事(一肚皮集)》(1862-1895[同治元年至光緒21年])(文叢第36種。臺北:臺銀,民國48年)。
25. 李祖基,〈論外國商業資本對臺灣貿易的控制(1860-1894)〉,《清代臺灣史研究》(廈門大學出版社,1986)。
26. 周元文,《重修臺灣府志》(1712[康熙51年]刊,文叢第66種。臺北:臺銀,民國49年)。

27. 周憲文，《清代臺灣經濟史》（臺銀研究叢刊[以下簡稱「研叢」]第45種。臺北：臺銀，民國46年）。
28. 周璽，《彰化縣志》（1832[道光12年]刊，文叢第156種。臺北：臺銀，民國51年）。
29. 岩生成一作，北叟譯，〈荷鄭時代臺灣與波斯間之糖茶貿易〉，《臺灣經濟史二集》（研叢第32種。臺北：臺銀，民國44年）。
30. 東嘉生作，周憲文譯，〈清代臺灣之土地所有形態〉，《臺灣經濟史初集》（研叢第25種。臺北：臺銀，民國43年），頁96-102。
31. 東嘉生作，周憲文譯，〈清代臺灣之貿易與外國商業資本〉，《臺灣經濟史初集》（研叢第25種。臺北：臺銀，民國43年），頁103-126。
32. 林士偉，《臺灣省苗栗縣志》（苗栗：臺灣省政府，民國49年）。
33. 林滿紅，〈清末臺灣與我國大陸之貿易型態比較(1860-1894)〉，《國立臺灣師範大學歷史學報》，第6期（民國67年5月）。
34. ———，〈口岸貿易與近代中國——臺灣最近有關研究之回顧〉，《近代中國區域史會議論文集》（中央研究院近代史研究所，民國75年12月）。
35. ———，〈清末大陸來臺郊商的興衰——臺灣史、中國史、世界史之一結合思考〉，《國家科學委員會研究彙刊·人文及社會科學》，4卷1期（民國83年7月）。

36. 松下芳三郎，《臺灣樟腦專賣志》（臺北：臺灣總督府史料編纂委員會，1924[大正13年]）。
37. 波越子肅，《新竹廳志》（臺北：臺灣日日新報社，1907[明治41年]）。
38. 邱純惠，〈十九世紀臺灣北部的犯罪現象——以淡新檔案為例〉（臺灣大學碩士論文，民國78年）。
39. 柯培元，《噶瑪蘭志略》（1837[道光17年]刊，文叢第92種。臺北：臺銀，民國50年）。
40. 范增平，《臺灣茶文化論》（臺北：碧山岩出版公司，1992）。
41. 倪贊元，《雲林縣採訪冊》（1894[光緒20年]刊，文叢第37種。臺北：臺銀，民國48年）。
42. 孫鐵齋，〈臺灣之糖〉，《臺灣之糖》（特叢第1種。臺北：臺銀，民國38年），頁24-44。
43. 島野光，《大溪誌》（大溪：大溪郡役所，1944[昭和19年]）。
44. 徐方幹，〈臺灣茶史掇要〉，《臺灣茶葉季刊》，第4號（民國38年）。
45. 桃園廳，《桃園廳志》（桃園，1906[明治40年]刊）。
46. 高拱乾，《臺灣府志》（1696[康熙35年]刊，文叢第65種。臺北：臺銀，民國49年）。
47. 張我軍，《臺灣之茶》（特叢第3種。臺北：臺銀，民國38年）。
48. 連文希，〈客家之南遷東移及其人口之流佈〉，《臺灣文獻》，23卷4期（臺北：臺灣省文獻委員會，民國61年）。

49. 連雅堂，《臺灣通史》（1921年刊。 臺北：古亭書屋影印本，民國62年）。
50. 陳文達，《鳳山縣志》（1720[康熙59年]刊，文叢第124種。臺北：臺銀，民國50年）。
51. 陳在正等，《清代臺灣史研究》（廈門：廈門大學出版社，1986）。
52. 陳培桂，《淡水廳志》（1871[同治10年]刊，文叢第172種。臺北：臺銀，民國52年）。
53. 陳淑均，《噶瑪蘭廳志》（1852[咸豐2年]刊，文叢第160種。臺北：臺銀，民國52年）。
54. 陳朝龍，《新竹採訪冊》（1894[光緒20年]刊，文叢第145種。臺北：臺銀，民國51年）。
55. 陳朝龍、鄭鵬光，《新竹縣誌初稿》(1892-1893[光緒18年至光緒19年]，文叢第61種。臺北：臺銀，民國48年）。
56. 陳夢林，《諸羅縣志》（1717[康熙56年]刊，文叢第141種。臺北：臺銀，民國51年）。
57. 黃叔璥，《臺海使槎錄》（1736[乾隆元年]刊，文叢第4種。臺北：臺銀，民國46年）。
58. 新竹州，《新竹州要覽》（1923[大正12年]）。
59. 新竹縣文獻委員會，《新竹文獻會通訊》（臺北，民國43年）。
60. 楊逸農，〈清代臺灣茶葉貿易之史的研究〉，《臺灣茶葉季刊》，第4號（民國38年5月）。
61. 照史，《高雄人物評述》（高雄：春暉出版社，民國72年）。

徵引書目

62. 劉銘傳，《劉壯肅公奏議》（1885[光緒11年]前後刊，臺北：文海出版社，民國57年）。
63. 蔣師轍，《臺灣日記》（1892[光緒18年]刊，文叢第6種。臺北：臺銀，民國46年）。
64. 盧守耕，〈臺灣之糖業及其研究〉，《臺灣之糖》（特叢第1種。臺北：臺銀，民國38年），頁1-23。
65. 臨時臺灣舊慣調查會，《臨時臺灣舊慣調查會第二回報告書第一卷附錄參考書》（東京，1903-1907[明治36年至明治40年]）。
66. 臨時臺灣舊慣調查會，《臨時臺灣舊慣調查會調查經濟資料報告第二部》（1901-1905[明治34年至明治38年]調查。東京：三秀舍，1905[明治38年]）。
67. 臨時臺灣舊慣調查會，〈糖取引に關する慣例〉，《臺灣慣習記事》， 第7卷第3號(1907[明治41年]3月)，頁1-15；第7卷第4號(1907年4月)，頁1-14。
68. 臨時臺灣舊慣調查會，〈舊慣問答錄〉，《臺灣慣習記事》，第2卷第1號(臺北，1902年[明治35年]1月)。
69. 薛紹元(作者名依楊雲萍教授之考證而加以改訂)，《臺灣通志》（1892-1895[光緒18年至光緒21年]，文叢第130種。臺北：臺銀，民國51年）。

二、英文部分（包括英文中譯本）

A. Published Before 1915

70. British Parliamentary Papers: *Embassy and Consular Commercial Reports*, Area Studies Series: China, vols. 8-19, 32(Irish University Press, 1971).
71. Bureau of Productive Industries, *Formosa Oolong Tea* (Taihoku, 1904).
72. Shanghai Chinese Maritime Customs, *Chinese Maritime Customs Publications,* 1860-1948.
    中央研究院近代史研究所圖書館所藏微卷，1864-1895部分。
73. *The Chinese Repository*, Canton, Printed for the Proprietors（東京：丸善株式會社翻印，1943 [昭和18年]）。
74. Davidson, J. W., *The Island of Formosa: Past and Present* (1903, Taipei).
    蔡啓恆譯，《臺灣之過去與現在》（研叢第107種。臺北：臺銀，民國61年）。
75. Huart C. I., *L'ile Formose, Histoire et Description*(Shanghai, 1885).
    黎烈文譯，《臺灣島之歷史與地誌》（研叢第56種。臺北：臺銀，民國47年）。

76. Le Gendre, C. W., *Reports on Amoy and the Island of Formosa 1868-1869*.
    周學譜譯,〈廈門與臺灣〉,《臺灣經濟史九集》(臺北:臺銀,民國52年),頁138-175。
77. Mackay G. L., *From Far Formosa* (NY, 1896).
78. Maila,〈臺灣訪問記〉(英文書名不詳)(1915),胡明遠譯,《臺灣經濟史五集》(研叢第44種。臺北:臺銀,民國46年)。
79. Malthus T. R.,《人口論》(臺北:三民書局,民國66年)。
80. Mitchell, C. A., *Camphor in Japan and in Formosa* (London: Chismick Press for Private Circulation, 1900).
81. Montgomery, P. H. S., *Decennial Reports of Tainan* (Shanghai: The Inspector General of Customs, 1882-1891,1893).
    謙祥譯,〈1882-1891年臺灣臺南海關報告書〉,《臺灣經濟史六集》(研叢第54種。臺北:臺銀),頁85-108。
    Morse H. B.作,謙祥譯,〈1882-1891臺灣淡水海關報告書〉,《臺灣經濟史六集》,頁85-107。
82. Wirth, *A Geschite Formosa's bis Anfang* (Bonn: 1898).
    謙祥譯,〈臺灣之歷史〉,《臺灣經濟史六集》,頁1-84。

B. Published After 1958

83. Boserup Ester, *The Conditions of Agricultural Growth The Economics of Agrarian Change under Population Pressure* (Chicago: Aldine Publishing Co., 1965).

84. Conrad, Alfred H. and John R. Meyer, "The Economics of Slavery in the Ante Bellum South," *Journal of Political Economy*, LXVI, (Apr. 1958).

85. Coppork, J. D. *International Economic Instability* (New York: Mcgraw-Hill Book Co., 1962).

86. *The New Encyclopedia Britannia* (Chicago: Encyclopedia Britannica, Inc., 1929-1973, 14th edition), vol. II.

87. Fairbank, John K; Eckstein, Alexander; Yang L. S., "Economic Change in Early Modern China: An Analytic Framework," *Economic Development and Cultural Change*, IX, no.1 (Oct. 1960), pp.1-26.

88. Gardella, Robert, *Harvesting Mountains : Fujian and the China Tea Trade, 1757-1937* (Berkeley: University of California Press, 1994).

89. Hao Yen-ping, *The Compradores in 19th Century China: Bridge Between East and West* (Cambridge: Harvard University Press, 1970).

90. Hou Chi-ming, *Foreign Investment and Economic Development in China, 1840-1937* (Cambridge: Harvard University Press, 1965).

91. Huang Hsiao-ping, "The Conflict Between Liu Ao & Liu Ming-Ch'uan and the Sino-French War in Taiwan," in *Historical Research* (National Taiwan University), no.1 (1973), pp.277-288.

92. Meskill, J. M., "The Lins of Wufeng: The Rise of a Taiwanese Gentry Family," in Leonard H. D. Gordon(ed.), *Taiwan: Studies in Chinese Local History*(New York, 1970), pp.6-22.
93. Myers, Ramon H., "Taiwan under Ch'ing Imperial Rule, 1684-1895. The Traditional Order," *Journal of the Institute of the Chinese Studies of the University of Hong Kong*, vol. IV., no.2 (1971), pp. 410-451.
94. ———, "Taiwan under Ch'ing Imperial Rule, 1684-1895: The Traditional Society," *Journal of the University of Hong Kong*, vol. V, no.2(1972), pp. 369-409.
95. ———, "Taiwan under Ch'ing Imperial Rule, 1684-1895. The Traditional Economy, " *Journal of the Institute of Hong Kong*, vol. V, no.2(1972).
96. ———, "The Commercialization of Agriculture in Modern China, " in W. E. Willmott ed., *Economic Organization in Chinese Society* (Stanford: Stanford University Press, 1972).
97. Rawski, Evelyn. Sakakida, *Agricultural Change and the Peasant Economy of South China*(Cambridge: Harvard University Press, 1972).
98. E. F. Soderland, "Short-term Economic Fluctuations and the Swedish Timber Industry, 1850-1900," *Journal of Economic History*, vol. XIII, no. 4(1953, Fall), pp.388-397.

附錄：清西曆對照表(1860-1895)

1860	咸豐 10	1878	光緒 4
61	11	79	5
62	同治 1	80	6
63	2	81	7
64	3	82	8
65	4	83	9
66	5	84	10
67	6	85	11
68	7	86	12
69	8	87	13
70	9	88	14
71	10	89	15
72	11	90	16
73	12	91	17
74	13	92	18
75	光緒 1	93	19
76	2	94	20
77	3	95	21

索引

Mitchell, C. A. 36

一畫
一肚皮集 13

二畫
七堵 178
九江 6
九芎林 64
人口 2, 6, 147-153, 160, 162, 170, 171, 176, 185, 187, 188, 191, 192
人民生活水準 17, 156, 159, 162, 193
人地關係 17, 147
八份(今大湖) 171, 172

三畫
三角湧(今三峽) 64, 66, 134, 170, 171
三峽 178
三貂嶺 60
三義 178
三義河(今三義) 171, 172
三灣 64
上公館 172
上海 6, 14, 24, 28, 41, 137, 142
土佐式製腦法 92
大甲 64, 171
大和公司 129
大湖 64, 92, 171, 172
大料崁(今大溪) 64, 66, 134, 137, 170, 171
大稻埕 59, 75, 78, 79, 96, 97, 103, 105, 106, 110, 116, 135, 170, 178
大頭家 120
小料匠 66,
山工銀 130

四畫
不完全競爭 37, 42, 49, 50, 185, 189
不穩定係數 49

中法戰爭 133
中國大陸 i, 7, 9, 19-24, 26, 37, 49, 53, 73, 88, 89, 142, 175, 192
中國舊式腦灶 92
中港 174
中間商人 106, 190
中舉額 177
元茶 82
公司廍 119, 120
公泰洋行 129, 130
公會組織 17
天津 6, 22, 24, 27, 54, 84
天津條約 1
天臺 69
巴爾巴多(Barbadoes) 85
手工業 9, 10, 93, 144, 156, 190, 192, 193
斗六 66, 174
斗換坪 64
日本 i, ii, 1, 4, 15, 16, 19, 20, 23, 24, 26, 30, 33, 34, 36, 48, 49, 52- 54, 66, 74, 88, 89, 92, 106, 113, 117-119, 121, 122, 129, 134, 137, 147, 172, 173, 176, 177
日式腦灶 92
日式製腦法 92
月眉 64

比利時(比) 32, 54
水土保持 193
水沙連 59
水返腳(汐止) 174
爪哇 26, 54, 88
牛莊 6, 24, 28, 84
牛犇廍 119, 120
王家春 110
王崧興 iii

五畫

出口值 i, 3-7, 34, 50, 153, 180, 183, 184, 194, 195
出口結構 16
出口量 10, 16, 19, 34-36, 37, 43- 50, 85, 89, 151, 167, 189
出口價格 16, 37, 39, 40, 42, 49, 50, 189
出庄 117, 122
加工 68, 75, 82, 93, 97, 100, 106, 109, 150, 151, 190
加拿大 31, 32
包種茶 21, 22, 39, 40, 44, 45, 51, 75, 79, 81, 82, 97, 101, 106, 116
北郊公約 89
北埔 64
北港 57, 60, 117, 136

半折佃（metayer tenture）124
外匯 68, 147, 159, 162
外資與近代中國的經濟發展 124, 144
失業 86, 88, 94
市場取向（market-orientation）13
市場結構 19, 195
市場經濟 192, 194
平均總成本（average total cost）86, 87
平均變動成本（average variable cost）86, 87
平埔族 167, 169
必麒麟（W. A. Pickering）131
打狗 i, 1-4, 6, 13, 24, 25, 27, 38, 45, 61, 63, 88, 117-121, 123, 135, 140, 143, 144, 154, 157, 161, 166, 167, 181, 182, 184-186, 190
民帆 10, 82, 117, 137-141, 144, 156
永和興公約 114, 115
永陸（洋行）108
生產技術 16, 68, 94, 185, 189, 191
生產要素（production factor）16, 95, 102
田賦 103, 125, 134, 163, 193, 194
白糖 23, 39, 40, 46, 47, 73, 84, 99, 100, 125, 139

石門 57, 59
石碇 60, 173
石磨 83, 85-88, 119, 120

六畫

伊能嘉矩 6, 169
再製茶 75, 80, 101, 103, 111
匠首 66
印度（印）19, 20, 33, 37, 49, 82, 94, 113, 142
同業公會 105, 114-116, 143, 186, 190
地主 11, 105, 111, 125, 193, 194
地租 111, 112, 125, 130
安大埔（Antaop）66
安平 1, 2, 45, 61, 63, 129, 131, 136, 139, 140
安溪 51, 103, 178, 180
成本利潤 16
成本結構 95, 101
朴仔腳 117
汕頭 6, 26, 27, 110
竹南郡案內 172
竹塹 64, 139
竹蔗 72, 73
西印度群島 32, 53, 85

七畫

何西報告 125
佃農 105, 111, 124, 125, 144, 185, 190
余文儀 63
利率 111
利潤率 94, 95, 99, 101, 102, 104
吳子光 13
吳定新 172
吳鸞旂 176
完全競爭 37, 42, 49, 50, 121, 123, 189
李春生 110, 175, 176
李國祁 iii
李騰華 172
杜德(John Dodd) 51, 108, 110, 171
每人分攤貿易額 6
豆餅 73
赤糖 23, 39, 40, 42, 46, 47, 84, 98, 99, 125, 139
防費 134, 135

八畫

和記洋行(Elles & Co.) 106, 131
坪林 59
宜蘭 66, 178, 182, 183
怡和洋行 127
怡記洋行 106
東港 117, 140
東勢 178
東勢角 171-173
林本源 176
林圯埔(今竹山) 136, 171, 173
林汝梅 175
林季昌 176
林烈堂 176
林爽文 178
林朝棟 129, 175, 176
林維源 175
林衡道 iii
板橋林家 110, 178
武夷茶 59
波斯 7
法國(法) 32, 37, 49, 53, 142,
法爾巴拉索(Valparaiso) 31, 32-33
社會結構 174
股首 126
肩挑 136, 143
芳樟 74
芝罘 6, 24, 54
花香茶 82
阿猴(今屏東) 124
阿罩霧(今霧峰) 176

九畫

侯繼明 124, 144, 156
保險費 96, 97
俄羅斯(俄) 23, 32, 54
南庄 66, 171, 172, 178
南投 178
南投街 173
南洋 7, 21, 32, 51, 105, 106, 110, 117
咸菜甕(今關西) 64, 92, 134, 170, 171, 178
城鎮 153
客家 169
後壠 64
恆春 66, 167
恆豐號 129
政府 17, 61, 74, 105, 112, 113, 116, 125-127, 131-133, 135, 143, 162-164, 168, 169, 175, 186, 188, 193
政治中心 187
施琅 176, 177
柯朝 59
泉籍 177, 178, 180, 193
洋行 51, 96, 105-110, 116-119, 121, 123, 124, 126, 127, 130, 173
洋貨 156, 157, 158

紅茶 79
美國(美) 14, 21, 22, 30, 32, 33, 37, 49, 52, 53, 79, 88, 89, 94, 106, 108, 110, 117, 118, 125, 141, 142
茄定港 61
苗栗 60, 92, 102, 175, 178
英商 112, 127, 129
英國(英) 7, 14, 21, 22, 30, 32, 37, 49, 53, 54, 63, 117, 121, 125, 142
軍工料館 66, 130
郊商 193, 194
香港 21, 22, 26, 30, 32, 37, 38, 54, 55, 100, 126, 128, 132, 137, 142, 147

十畫

借貸關係 16, 105, 106, 119, 125, 14
原住民 167-169, 178, 193
唐景崧 171
員崠仔 172
埔里 66, 136
夏威夷 32, 72
夏獻綸 113
孫鐵齋 120
宮中檔 16
桃園 60, 178

桃園廳志 171
海關十年報告
淡水 67
臺南 118
海關報告 3, 6, 14-16, 21, 22, 25, 27, 30, 31, 38, 40, 41, 85, 128, 139, 153, 156
　打狗 14, 30, 31, 35, 40, 46, 53, 54, 62, 72, 85, 87, 118, 121, 140, 154, 157, 158, 161, 165, 166, 181
　淡水 14, 15, 21, 35, 40, 43, 45, 51, 52, 55, 56, 59, 93, 96, 99, 109, 114, 128, 138, 141, 149, 157, 160, 161, 165, 166, 168-170, 181, 184
　臺南 14, 54
烘焙(烘) 76, 77, 79, 109, 113
烏龍茶 21, 22, 38, 40, 42-45, 51, 75, 79, 81, 82, 96, 97, 101, 106, 116
租賃關係 16, 105, 111, 124, 130, 143
紐西蘭 31, 32
耕作 68, 73, 74, 93, 95, 168, 189
臭樟 74
茶工 102, 115, 116

茶行 75, 103, 109, 110, 114
茶郊 114-116, 162, 190
茶師 103, 108, 150
茶販 105, 106, 150
茶棧 105, 106
茶館 105-108
茶鳌 112
郝延平 122
馬尼克洋行(Mannich & Co.) 129
馬尼拉 26, 54
馬若孟(H. Myers) 2, 155, 159
馬偕 102
馬爾薩斯 152
高利貸 88
高拱乾 11

十一畫

做茶 105
區域分工 7, 9
商標 80
基隆 1, 2, 113, 127, 135, 136, 142, 143, 178
採伐 74, 189
採茶女 101, 103, 150
採集 168
梧棲 131, 136
條約港 2, 13, 14, 173, 192

索引

淡水 i, 1-6, 13, 38, 40, 61, 97, 108, 127, 129, 131, 132, 135, 136, 142, 144, 154, 156, 157, 160, 161, 163, 166, 168, 170, 174, 181, 182, 184, 187
淡水河 60, 135, 136, 169, 171, 193
淡水廳志 16, 61, 171
淡新檔案 16
深坑 59, 173
牽茶猴 106
犁頭山 64
琅璚（恆春）57, 61
甜菜糖 23
產地 16, 117, 128, 136
產銷組織 2, 16, 105, 185, 189
產銷體系 143, 144
笨港 140
粗放（extensive）73, 93, 167, 190
粗製茶 43, 60, 75, 77, 80, 82, 97, 101, 106, 109, 110, 116
粗製糖 24
船頭行 117
荷蘭 7, 26, 32, 54
袋茶 78
許綸潭 110
通商口岸（開港）i, 1, 10, 13, 122, 156, 162, 167, 170-172, 174, 175, 177, 182-185, 189, 192, 194
通過稅 129
連雅堂 121, 164
連鎖作用（linkage effect）94
陳中和 122, 176
陳啓清 122
陳紹馨 187
陳福謙 121, 122, 175, 176
雪梨（Sidney）26
鹿港 103, 104, 135, 136, 140
麻 7, 8, 9

十二畫

勞斯基（E. S. Rawski）2, 11
婚媒嫻 149
就業 147, 149-153
揀手 150
揀茶女 101, 103
揉手 101
插枝 72
游民 151
無墾總局 134
畫手 101, 150
番害 34, 55, 56, 104, 129
番莊 106
番亂 42, 48, 55, 167-168
稅收 147, 193

稅捐 95
華人糖業公會(Chinese Sugar Guilds) 119
華商 108-110, 112, 118, 126-128, 145
華貨 156-158
買威令 73, 85, 120, 122, 124
買辦 97, 106, 109, 110, 117, 119, 121, 122, 124, 127, 131, 145, 174-176, 191, 193, 194
貿易範圍 13, 14
進口值 10, 12, 153
集約(intensive) 73, 93
集集 66, 136, 171, 173
雲林縣採訪冊 66
順和行 119, 121-123, 143
馮秉正 8
黃南球 175

十三畫

匯率 123
匯豐銀行 107
塞璐珞(Celluloid) 33, 34, 42, 48, 56
奧地利(奧) 32, 54
媽振館 105-107, 110, 111,
廈門 14, 21, 22, 26, 29, 37, 38, 51,

52, 79, 82, 96, 97, 103, 105-108, 110, 111, 113, 137, 138, 142, 147
新竹 60, 66, 113, 136, 143, 174-176, 183, 194
新竹文獻會通訊 172
新竹州要覽 172
新竹廳志 6
新庄仔 176
新店 178
新城 64
新埔 64, 174
楊雲萍 iii,
楊聯陞 162
煙臺 22, 24, 27, 53
瑞典 162
瑞記洋行 129
祺仔店 107
粵籍 127, 174, 176-178, 180, 193
經濟民族主義 122, 144
經濟重心 183, 187
經濟秩序 14, 156, 162, 192
經濟結構 152
經濟資料調查報告（經濟資料報告，舊慣經資報告，舊慣會經資報告，舊慣調查會報告） 8, 15, 54, 60, 67, 98, 100, 110, 120, 124, 125, 149, 159, 172, 173, 176

經濟蕭條 ii
經濟變遷 2,13
經濟體系 11, 180
罩蘭 66
腦丁 55, 74, 93, 94, 101, 102, 126, 127, 168
腦長 126, 127
腦首 127
腦務總局(腦務稽查總局) 66, 171
腦鰲 133
落地稅 112
葉日崧 iii
裕記 110
運輸 95-97, 105, 109, 121, 136, 143, 186, 190-192
道臺 113, 127, 130-132
鈷腳 117
隘 134, 172
隘勇 56, 134, 151, 178
電報 125, 142, 143, 163, 186
預付款制度 190

十四畫

寧波 24, 28, 69
寡頭壟斷 123
彰化 59, 66, 136, 178
彰化縣志 178

摻假 114, 115
摻雜 52, 82, 93, 94, 108
漳州 89
漳籍 177, 178, 180, 193
漢「番」衝突 64, 169, 193
滿保 130
滬尾 96, 97
熊彼德(J. S. Schumpeter) 86
福州 21-23, 26, 29, 51, 72, 108, 170
精製糖 26, 32, 89, 94
綠茶 79
臺南 25, 27, 63, 87, 89, 99, 117-119, 122, 123, 128, 129, 135, 143, 170, 172, 178, 184
臺海使槎錄 8, 9, 72
臺游日記 144
臺灣之過去與現在 15, 20, 92
臺灣之糖 120
臺灣文化志 6, 51, 89
臺灣府 61, 136, 138, 140, 163, 167, 188
臺灣府(打狗)領事報告 15, 136-137
臺灣府志 10, 61, 63
臺灣產業調查表 15, 96, 97, 101, 116, 173
臺灣訪問記 8

臺灣通史 110, 164
臺灣通志 6
臺灣遙寄 102
臺灣樟腦專賣志 133
艋舺 64, 79, 170
製茶法
　再製 76, 79, 93, 96, 108, 149, 150
　粗製 76, 79, 93, 95, 108, 149, 150
製腦法 89, 92
　煎腦 89
　煉腦 89
豪紳 174, 176, 194
閩籍 177
韶州 89
領事報告（英國領事報告） 6, 14-16, 35, 40, 51-56, 73, 85, 108, 128, 136-137, 139, 141
　打狗 125, 167
　淡水 131, 132, 144, 156, 160
　臺南 99, 120, 122, 134, 184
鳳山 117, 124

十五畫

劉翠溶 iii
劉銘傳 56, 66, 113-115, 125, 133, 134, 171, 186, 187, 191, 194
劉銘傳撫臺前後檔案 16
劉璈 186
劉韻珂 148, 149
德記洋行 108
德國（德） 32, 37, 49, 54, 88, 142
播種 68
撫「番」 113, 133, 171, 175, 178, 194
撫墾總局 171
樟林坪 66
樟腦專賣 56, 127, 129, 131-134
樟腦條約 128, 131
模里西斯 53
潘永清 175
箱工 116, 150
箱茶 80
蔗車稅 61
蔣師轍 144
蔡蓮舫 176
諸羅縣志 63
輪耕 72
鄭如蘭 176
鄧德洋行 127
魯麟洋行 129
鴉片戰爭 ii
墨爾鉢(Melborne) 26

舖家 106

十六畫
噶瑪蘭(宜蘭) 168, 169, 173, 174, 187
樹杞林(今竹東) 64, 171, 172, 178
橋仔頭 83
歷史重心 147, 180, 186-188, 194, 195
澳門 138
澳洲(澳) 23, 24, 26, 30, 53, 54, 88, 89, 94, 117, 118, 125, 141, 142
糖行 117, 119, 121, 123
糖郊 115, 117, 143, 190
糖販 117, 120, 122
糖販仔 117
糖割 117
糖間 84
糖蜜 23, 24, 84
糖鰲 102, 125, 139
糖廍 83, 98, 117, 119, 120, 122, 123, 150, 151
蕃薯 68, 72, 111, 167, 193
蕃薯簽 89
貓里(今苗栗) 171, 172
辨仲 117
錫口(松山) 174

錫蘭 19, 20, 82, 94, 113
靛藍 7, 68, 111, 167, 193
頭目(經理) 119, 120
頭家廊 119, 120

十七畫
壓條 68, 70
戴炎輝 ii
戴維森(J. Davidson) 6, 8, 15, 20, 35, 36, 45, 51, 55, 56, 91, 92, 109, 123, 177
濱下武志 ii
謙棧 110

十八畫
轉口 21, 142, 147, 163, 166
釐金 96, 125, 133, 135, 185, 193
鎮江 26, 29
雙元經濟(dual economy) 192
雙溪 66

十九畫
壟斷 34, 82, 109, 110, 123, 127
羅必涅洋行(Robinet & Co.) 123, 127
藤江勝太郎 70, 71
邊恩洋行(Bian & Co.) 129

關稅 97, 112, 113, 125, 133, 134, 135, 138, 141, 147, 163, 165, 193
霧峰林家 130, 176, 178

二十畫
嚴中平 6
寶順洋行 108, 110

二十一畫
續修臺灣府志 61

鐵路 113, 136, 142, 143, 162, 163, 186, 187, 190, 192
鐵磨 85-88, 94

二十三畫
變異數（variance） 40

二十四畫
鹽鰲 187

臺灣研究叢刊
茶、糖、樟腦業與臺灣之社會經濟變遷(1860-1895)

1997年4月初版　　　　　　　　　　　　　　　定價：新臺幣480元
2025年7月三版
有著作權・翻印必究
Printed in Taiwan.

著　　者	林　滿　紅
責任編輯	方　清　河

出　版　者	聯經出版事業股份有限公司
地　　　址	新北市汐止區大同路一段369號1樓
叢書主編電話	(02)86925588轉5305
台北聯經書房	台北市新生南路三段94號
電　　　話	(02)23620308
郵政劃撥帳戶第0100559-3號	
郵撥電話	(02)23620308
印　刷　者	世和印製企業有限公司
總　經　銷	聯合發行股份有限公司
發　行　所	新北市新店區寶橋路235巷6弄6號2F
電　　　話	(02)29178022

編務總監	陳逸華
副總經理	王聰威
總經理	陳芝宇
社　　長	羅國俊
發行人	林載爵

行政院新聞局出版事業登記證局版臺業字第0130號

本書如有缺頁，破損，倒裝請寄回台北新生門市更換。
聯經網址 http://www.linkingbooks.com.tw
電子信箱 e-mail:linking@udngroup.com

ISBN 978-957-08-7737-3 (精裝)

國家圖書館出版品預行編目資料

茶、糖、樟腦業與臺灣之社會經濟變遷（1860-1895）/林滿紅著．三版．新北市．聯經．
2025.07．224面．14.8×21公分．(臺灣研究叢刊)
參考書目：12面
ISBN　978-957-08-7737-3 (精裝)
[2025年7月三版]

1.CST：經濟史　2.CST：臺灣

552.339　　　　　　　　　　　　114008494